塑造孩子的一生

让孩子赢在一技之长

孙广春◎编著

辽海出版社

图书在版编目(CIP)数据

塑造孩子的一生. 让孩子赢在一技之长 / 孙广春编著. — 沈阳 : 辽海出版社, 2015.11
ISBN 978-7-5451-3498-8

Ⅰ. ①塑… Ⅱ. ①孙… Ⅲ. ①少年儿童-艺术修养-家庭教育 Ⅳ. ①J03②G78

中国版本图书馆 CIP 数据核字(2015)第 300389 号

责任编辑：丁　雁
封面设计：孙希前
责任校对：晓　云

出 版 者：辽海出版社
　　地址：沈阳市和平区十一纬路 25 号
　　邮编：110003
　　电话：024-23284381
　　E-mail：dszbs@mail.lnpgc.com.cn
　　http：//www.lhph.com.cn
印 刷 者：三河市南阳印刷有限公司
发 行 者：辽海出版社

幅面尺寸：170mm×240mm
印　　张：15
字　　数：230 千字

出版时间：2017 年 6 月第 1 版
印刷时间：2017 年 6 月第 1 次印刷
定　　价：35.00 元

前言

现代社会的生活环境在不断变化，科学的发展更是日新月异，而我们自身的心理、情绪等方面也无时无刻不在随之发生变化。万事万物都在变化，而不变的是天下父母的心，“望子成龙、望女成凤”是每一个家庭的美好愿望。如今，有些夫妻在孩子还没有出世前，就计划将来一定要培养孩子在某些方面才艺过人，使其有一技之长，以便将来在激烈的社会竞争中占有一席之地。

不能要求每个孩子将来都成为艺术家，家长最朴素的标准，就是希望孩子至少能成为一个身心健康，有一定的技能，能自食其力，对社会和家庭都有用的人。而必要的艺术造诣对提高孩子的综合素质，为孩子将来更好地成长所带来的益处，却是无法估量的。

良好的艺术修养是孩子享用一生的宝贵财富，也是孩子个人素质的重要体现。它可以陶冶情操，可以使人与群体更加融洽，它能抒发情感，培育心智，健全人格。

然而，艺术修养不是孩子天生的，它需要在艺术欣赏和才艺学习中逐渐培养和锻炼。接触各种艺术形式，参加丰富的艺术活动是提高艺术修养的重要手段。学习艺术，不但可以培养孩子的美感、艺术创意、智力，人际关系、情绪智商、沟通技巧、表达能力等各方面也都能借此相应地提高。而且借着艺术活动，孩子的天分、才华得到充分发挥，达到身心满足的境界。

正是认识到了才艺的重要性，越来越多的父母开始注重孩子的才艺训练，甚至在孩子很小的时候，就替他们安排了各种才艺班。所以一些孩子的生活就被各种的才艺学习填充满了。但是这样做对孩子的学习真的好吗？或者说家长的行为对孩子的成长有利吗，能达到他们想要的效果吗？为什么别人的孩子都出类拔萃，而自己的孩子却如此平庸？另一方面，培养孩子才艺的时候，总是会遇到各种棘手的问题：孩子该学什么？为什么孩子学着学着突然不感兴趣了？是不是该换个方向？如何选择更适合自己孩子的才艺班？相信这是所有家长面对的问题。

其实，除了热情之外，更需要有正确的教育理念。特长教育不同于学校教育的地方在于，它主要是培养孩子对某些技能学习的兴趣和欲望，因而在教育过程中应有张有弛，松紧有度，并给予孩子足够的自由活动的时间和空间，使孩子在玩中求学、在学中能玩，如此，才能收到良好的教育效果。

我们对于下一代寄予了很高的期望，应该采用正确的心态来对待孩子的艺术修养的培养。孩子艺术修养的培养是素质教育的一部分。家长应更多地从孩子的兴趣出发，让孩子做他们喜欢做的事，在轻松愉快中发挥天性和创造力。本书从引导和培养孩子的兴趣、选择适合孩子的才艺项目、如何给予孩子初级的指导、鼓励孩子坚持学下去等方面，以深入浅出的道理和成功的案例为家长讲述了培养孩子多才多艺的方法以及如何在艺术活动中提高孩子的综合素质。

目　录

第一章　学才艺，孩子赢在特长

人的智能不止一种，而是多元智能的统合。不论是哪一种智能，都是人类为求生存而发展出的基本能力。所以，应让正值发展初期的幼儿充分发展各种智能，使孩子得到兴趣培养和能力开发。任何学习都不应该以牺牲孩子的快乐为代价。让孩子在快乐的状态下学习，才是最明智的选择。在幼儿学习才艺的同时，给予更多的鼓励，无须要求有多么杰出的成绩。因为以前学到的才艺都会累积成为一种经验资源，那就是孩子成长的养分！

第二章　兴趣对孩子特长的影响

兴趣不仅是最好的老师，也是孩子非常宝贵的资源，正是因为兴趣和爱好，才转变为内在的动力，使他们走向成功。只要孩子产生兴趣，就不会把学习当作一种负担，而会在学习、进步、求知中找到满足。孩子的兴趣，就像一棵刚刚萌发的幼芽，越小越旺盛，所以我们一定要从小注重对孩子兴趣的培养，以便他们的潜能正常地发挥。多给孩子一些尊重、理解和宽容，让孩子在阳光沐浴下快乐地飞翔，让孩子在不断体验成功中求知、进步、成长。

第三章　让孩子学会审美

孩子不缺乏发现美的眼睛，因此，听一首乐曲，接触一个美的行为，一方面体验着审美的愉快感，培养了感受美的能力；一方面和自己的想象、情感和理解十分和谐地融合，成为一种审美享受，同时培养鉴赏美的能力。要让孩子身处美的环境中，感受大自然缤纷的色彩、曼妙的形态，这不仅是欣赏美，也是一种情操的陶冶。用知识启发孩子发现美、欣赏美，让孩子能够感受美，追求更为丰富、高雅的审美对象和产生更为高层次的审美要求。

第四章　好音乐让孩子身心健康

教育学家说："音乐是思维的源泉，没有音乐教育，就不可能有合乎要求的智力发展。"在音乐氛围中成长的孩子，能深切感受理解其优美、崇高的情感特征，会随着节拍和旋律的变化，任想象力充分地发展。在艺术世界里，音乐是最善于表达、激发情感的艺术，对儿童的思维活动具有强烈的促动力，通过广泛接触表现不同情感、内容的音乐，幼儿的情感世界将逐渐变得丰富、充实。

第五章　美术是心灵成长的镜子

儿童总是会用一双好奇的眼睛去认识、观察世界，能通过稚嫩的小手表现在画面中，透出了一种细腻的感情及强烈的认识和欲望。美术教育作为现代社会需求的全面发展的人应具备的基本的艺术素质的一种有效培养手段，是把美术作为教育的媒介，开发学生智力、培养学生感情和发展学生能力的教育。同时，美术教育在培养人的道德修养、审美情趣和创新精神等艺术素质方面，又有着其他学科教育不可替代的作用。美术教育是为孩子提供发现美、认识美、展现美和创造美的机会。

第六章　舞蹈帮助孩子有性格

一个人的性格不是天生的，也不是一朝一夕可以形成的。人的性格是在长期的生活实践中，受到社会的各方面的影响和多方面的教育，长期塑造而成的。幼儿舞蹈，使幼儿在轻松、活泼、愉快的环境中通过身体动作去感受音乐形象，通过表情、动作表达自己的思想感情，使幼儿形成活泼、开朗、热情、大方的性格，又会使他们充满自信，并且拥有积极向上的乐观心态。因此，幼儿舞蹈也是幼儿形成良好性格的重要工具。

第七章　钢琴让孩子高贵

钢琴的魅力，已经远远地超过了它作为乐器本身的意义，人们称钢琴为“乐器之王”，是因为它的表现力极为丰富，又是最难掌握的乐器之一。但它的魅力却没有因为它的难以掌握而有丝毫的减少，反而，越来越广泛地受到人们的喜爱。钢琴学习在教育中的作用已越来越被人们发现而得到重视，不论是幼儿还是少年，就连成人和老人也加入了学琴的队伍，通过钢琴学习使学生在学琴过程中看到了自己的音乐潜能和学习多种才艺的可能性，为学生的知识结构的拓宽注入了新的动力。

第一章

学才艺，孩子赢在特长

人的智能不止一种，而是多元智能的统合。不论是哪一种智能，都是人类为求生存而发展出的基本能力。所以，应让正值发展初期的幼儿充分发展各种智能，使孩子得到兴趣培养和能力开发。任何学习都不应该以牺牲孩子的快乐为代价。让孩子在快乐的状态下学习，才是最明智的选择。在幼儿学习才艺的同时，给予更多的鼓励，无须要求有多么杰出的成绩。因为以前学到的才艺都会累积成为一种经验资源，那就是孩子成长的养分！

你的孩子快乐吗

每到长假将至，便又到了“满城尽是兴趣班”的时节。很多家长为了挑一个好科目、好时段、好老师，可谓用心良苦，甚至有人不惜半夜 12 点就来“蹲点”，利用假期为孩子“加餐”似乎已经成为时尚，不少家长乐此不疲，然而这兴趣班是否真的是孩子的兴趣？孩子参加各式各样的兴趣班有“兴趣”吗？

从“舞蹈班”到“小主持人班”，从“书法班”到“美术班”……少儿“兴趣班”如雨后春笋般兴起。有人做过一个粗略的统计，从幼儿园时期的珠心算、趣味英语、儿童画、儿童舞、手工、钢琴到上小学后的芭蕾舞、拉丁舞、轮滑、足球、跆拳道、毛笔书法、快速记忆等加起来居然有 30 多个。有些家长们趋之若鹜，不少孩子参加了至少 2 个兴趣班，有些孩子参加的兴趣班达到了 5 个甚至更多。更离谱的是，有些家长的宝宝才 2 岁，老师就三天两头叫他报兴趣班。“他连中午吃什么都说不清楚，哪里知道自己有什么兴趣呢?”

武汉一位徐姓女士因为近 5 年累计花费 12 万元，为 5 岁半的儿子先后报了 17 个培优班，被媒体冠名“最着急”家长。孩子在承受繁重的学校课程之余，还要接受父母以提高其素质为目的的才艺教育。孩子们天天都在叫“我好累呀!”20 年后，让他们回想童年生活，十之八九能记得的，可能只有一堆上不完的才艺课。这些层出不穷、五花八门的兴趣班已经让很多小学生和学龄前儿童不堪重负。

兴趣班如此铺天盖地进入这些四五岁的孩子的世界，是福？是祸？众说纷纭，莫衷一是。兴趣班到底是利是弊，让我们来看看一些家长和教育专家的观点。

家长阿芳：培养孩子的兴趣，没必要上兴趣班。我儿子今年 15 岁，我从不强求他上什么兴趣班。有段时间儿子喜欢画画，我就给他买画画的工具，画得好看的全贴在家里的墙上。后来儿子又喜欢上弹吉他、踢足球，我都顺着他，让他自由发展，从不限制他的课余时间。有时我还会偶尔假装请教儿子两下，这让儿子的虚荣心得到了极大的满足，学起东西来更有劲头了。

学校老师阿玲：孩子在成长过程中，如果能发展一项或几项兴趣爱好，对于身心健康是极为有益的。从科学的角度讲，孩子兴趣爱好的形成不是一个自发的过程，需要父母教育培养，并给予适当的关注和积极的引导。家长毕竟社会阅历丰富，知道哪些行业是热门，哪些不好就业。在培养孩子兴趣时，也应该在结合实际的基础上为其未来做规划。另外，孩子可以学习一些相对冷门的东西，这样将来竞争的人少，更容易出成绩。

心理咨询师祖芹：不可否认，家长代替孩子报名参加兴趣班的初衷是好的，但是有些父母看到其他孩子报名参加兴趣班，自家的孩子没有报，生怕孩子会输在起跑线上，不仅跟风而上，甚至盲目攀比，看到人家的孩子报英语班，也给自家的孩子报；人家的孩子报 2 个班，自家的就报 3 个班。过度焦虑和盲目攀比的结果就是，孩子们的兴趣与兴趣班不在一个“频率”上，不仅无法从兴趣班中有所收获，反而谈“兴趣”色变。

有些父母甚至把兴趣班作为以后孩子升学的重要砝码，甚至希望孩子能通过拿个什么奖，直接进入某所重点小学、重点中学或重点大学。这种本末倒置，只重结果、不讲过程的心态，完全扭曲了上兴趣班的意义，给孩子们造成了巨大的心理压力，使他们丧失了对兴趣班应有的“兴趣”。

每个孩子都是父母的希望，父母自然会尽力提供一切栽培他们，期待孩子未来杰出、优秀，比别人高一等。有些父母更因为自己儿时没有机会学这学那，就把未完成的梦想放在孩子身上，希望孩子长大不会像自己一样有遗憾。

一位孩子家长认为，孩子小，玩性大，不如给他多报几个兴趣班，不仅能多学点知识，还有可能成为钢琴家。“不少钢琴家、画家不都是父母逼着学出来的嘛!”这是个竞争的时代，升学、求职、晋升，都要付出百般的努力。于是，奔跑成了很多人的生存状态，也成了他们希望传递给孩子的生活经验。家长们希望孩子快些赶路，早点学习，多学点东西，生怕错过什么，却忘了让孩子放慢脚步，体会成长的过程与其中的快乐。

孩子从来到人世间的那一刻，就背负着全家人的期望。要健康，要聪明，要有才艺，要全面发展，于是孩子从 0 岁时就开始接受父辈们传授的知识，学颜色、拼音，学识字、《三字经》，大一点儿在幼儿园后学画画、跳舞或跆拳道、英语等。就像某幼儿早期教育机构的广告语：“孩子现在的一年决定未来的十年”、“赢在起跑线”。商家的炒作，父母对孩子的期盼，使家中的小宝宝上亲子班，进最好的幼儿园，开始以后长达 20 年左右的求学路程。

似乎大家都希望自己的孩子文武全才，也希望自己的孩子不要错过童年这段宝贵的时光。到底这些才艺学习对孩子身心发展有多大益处，是否每一项都应该让孩子尝试一下？相信很多父母都会为这些问题感到困扰。

就算教育专家自己，也免不了这样的难题。一位师范大学教育系的教授举自己的经验说，原先她也希望孩子轻松快乐地成长，并不刻意安排他们学才艺。现在很多孩子四五岁就开始学各种乐器，她的儿子一直到小学四年级才学小提琴，其原因也是孩子常常从学校回来说，哪个同学在今天音乐课上演奏钢琴，谁又表演了小提琴或其他乐器等，露出羡慕渴望的表情。“我这个做母亲的不免会想：如果不让他去学，是不是剥夺了孩子的学习机会?”

现有升学考试制度也在鼓励父母从小让孩子学才艺，而且要表现优秀拿奖状，未来升学考试才能帮助加分，而且一些媒体、广告持续向父母洗脑说，所有的学习愈早开始，愈能保证以后孩子有成就。父母普遍很焦虑，然后把这种压力转移到孩子身上，就要他们学这个、上那个。于是有好多的家长将孩子送进了才艺培训班。

不少人没当家长时，看不惯别的家长不顾孩子的想法，让孩子疲于奔命地上兴趣班，但当他们当了家长后，他们又生怕自己的孩子输在起跑线上。很多家长表示，给孩子报各类兴趣班也是“身不由己”。

毫无疑问，兴趣班对于孩子来说很有好处。好的兴趣班不但可以激发孩子的兴趣，让孩子学到相应的技能，还可以丰富孩子的课余生活，提高孩子的人际交往能力。问题是，家长们要注意因势利导，在尊重孩子意愿的基础上科学地选择兴趣班，才能激发孩子们的潜能，令其全面发展。父母作为孩子的“第一任老师”，其义务就在于为孩子的成长创造良好的环境，而不是束缚其成长。

教子箴言

童年，是一个美丽的名词，也是人一生中最美好、快乐的时光。每对父母都要了解、把握每一个孩子“生活价值教育”的基本内容：自由、爱心、责任、尊重……因为具备了这些品质，会让孩子们感到生活的美好和做人的幸福，并长此以往形成他自己的一种良好行为习惯，这才是送给孩子一生取之不尽、用之不竭的财富。

培养孩子就要尊重孩子

诚然，学习才艺可以激发孩子潜能，点燃他们的智慧之火，吕思清、郎朗的年少成名更是让父母们看到了梦想变成现实的希望。然而，1997 年中央音乐学院对 3297 名琴童父母的调查证实：50% 的琴童受到比其他孩子更为严厉的管教。调查还发现，11.4% 的父母有时打骂孩子；33.3% 的父母偶尔会为此打孩子；至少 44% 的孩子因不“听话”经常受到父母的批评；21% 的父母经常威胁孩子。另外，47.4% 的琴童很少有玩的时间。

因此，有时候学习才艺也会成为把孩子引向痛苦深渊的悲剧之源。每个孩子都有其自身的潜能特点和独特的兴趣愿望。哈佛大学研究结果表明，每个孩子至少有 8 个潜能，而每个人的潜能组合结构都是不同的。如果强迫他们去学习一些潜能并不突出的才艺，容易使他们产生厌烦、畏惧心理，以及一种刻骨铭心的失败体验。一些责备和批评的声音会一直萦绕在他们耳边，伴随他们的整个成长岁月。孩子是在体验中长大的，而童年的阴影往往会笼罩人的一生。

孩子需要时间自己想事情。有时候父母见孩子在发呆，就唠叨说他浪费时间，其实，让孩子发呆、胡思乱想、自己思考，有助于激发想象力。一些天资聪颖的孩子，其实想象力无限，但课上得太多，忙到没时间停下来自己想事情，因此扼杀了他们的创造力，很可惜。

孩子上太多课，不但身心疲累，有时候更牺牲了宝贵的睡眠时间，结果白天精神不济、上课不专心，父母还误以为他们有注意力缺失问题，急着去儿科求医，其实他们只是需要一些时间放松休息。大人都不见得能按时紧凑地做好每一件事，怎能期待小孩做得到？

还有一些父母虽然送小孩去上才艺班，却对上课内容不关心；而有的父母则相信名师、名课程，四处打听把孩子送去上课。不过，专家并不认为名师保证能教出才艺出众的孩子，而且父母须留意，不适合的上课方式反而会打压孩子的兴趣。

要了解孩子学了什么、喜不喜欢上课方式，而不是把人丢去就算了。学龄儿童需要能启发创意的课程，制式、呆板和只是学技巧的上课方式并不适合他们。

一位妇产科医生的儿子从小喜欢拿笔涂鸦，为此她曾经特别找人介绍知名的美术班，送孩子去学画画，没想到，才上几堂课，原本热爱画图的孩子居然不想再画了。她觉得不对劲，先和儿子聊一聊上课情形，然后跟他一起上了一堂课，才发现这一间美术教室专为考美术班的学生而设，授课着重画画技巧，有一套标准画法，而不是让孩子天马行空发挥创意，孩子老被“纠正”，自信心受挫，难怪开始排斥画画。安排孩子学一项才艺找适合的老师比找名师重要。

硬要一个活泼、静不下来的孩子待在安静的地方，长时间集中注意力做一件事，那孩子铁定觉得痛苦，不想继续上课。换一个老师之后，上课方式生动活泼，不但上得开心，而且自己愿意主动练习。

不错，父母总希望把最好的留给孩子，把自己从前没享受过的让孩子来享受，现在有很多家长自己年轻时没有实现的理想，就希望孩子能替自己实现，于是便凭主观意愿将孩子送去上兴趣班。部分叛逆的孩子因为不喜欢就和父母闹，搞得亲子关系僵化，这其实对双方来说都是得不偿失的。怎样做才是恰到好处，对孩子有最大的帮助呢？这样做你的孩子真正快乐吗？

望子成龙的心情大家都可以理解，但也要尊重孩子及其成长规律，“赶鸭子上架”可能会适得其反。玩是孩子们的天性，兴趣需要慢慢发现，千万不能拔苗助长。有的孩子连话都说不清楚，哪里知道自己有什么兴趣呢？

一位教育专家指出：任何学习都不值得以牺牲童年的快乐为代价。所谓的“兴趣班”实际上可以说是家长们的兴趣，也可以说是幼儿园的兴趣，但可能不是孩子的兴趣。

一项调查表明，多数孩子厌倦父母安排的才艺培训，在条件许可的情况下，多接触一些活动，的确可以培养孩子的兴趣；但如果孩子同时需要学习的规定项目太多，结果却会很糟糕，反而“扼杀”孩子本应具有的兴趣。

调查报告显示，3 岁以下孩子的父母明确说自己的孩子一项才艺都没学的仅占约 10%。约有 60% 的 3～6 岁孩子，所学的项目在 1～3 项之间。特别是 6 岁以上的孩子，大多数选学 3 项以上的才艺，35% 的孩子甚至选学过 6 项以上的才艺。有关专家认为：无论怎么选，都要考虑到孩子的实际承受能力。

但是，对于参加兴趣活动始终抱有“很浓兴趣”的孩子仅占四成左右。意外的是，有些父母在感叹孩子的兴趣随年龄增长反而下降时，不无遗憾地说：“兴趣班成了兴趣的杀手。”因为约有 5% 的孩子认为自己“一直就没什么兴趣”，只是在应付家长的安排。

与此相反，家长的“兴趣”大大超过孩子。调查发现，当孩子表示不想继续参加才艺兴趣班时，大部分父母都会想尽各种方法促使孩子坚持下去。

其实，望子成龙的心情，古今中外的父母都差不多，如果自己的孩子整天无所事事“虚度光阴”，父母们都会受不了。但孩子“虚度光阴”是一种罪恶吗？

帕特里克·奥唐纳是英国格拉斯哥大学社会心理学教授，他认为孩子天生具有游戏和探索的天性，在 3 岁之前，这种行为一般在父母的指导下进行；

3岁以后，是孩子自主期。如果孩子们发现他们感兴趣的事情，或希望融入孩子间的社交活动，他们就不会感到无聊，除非他们没有玩伴或活动的限制太多。

而5~6岁更是孩子们自主社交的关键时期。在这个年龄阶段，孩子们不喜欢过多和父母待在一起，而更喜欢和其他同龄的孩子玩耍。奥唐纳说，这时候，那些喜欢分秒看着自己孩子的父母要注意了，不能时刻充当“卫星定位仪”，监控孩子。

爱哲希尔大学资深心理学讲师理查德·拉里指出，对孩子们来说，“虚度光阴”是一种休息和能量储备，反而是大人对孩子的过多安排会扼杀孩子的独立性和创造力。

拉里指出，一定时间的“逃离”和创造力对孩子们的成长至关重要，父母应该允许孩子有无聊的时候。拉里称，父母不要每时每刻照看自己的孩子，而要留给他们独处的时间，给孩子们自娱自乐的自由。

奥唐纳对现代英国青少年的研究发现，过去几十年来父母过多安排孩子活动的教育模式，已经令英国青少年养成了需要别人领导和不会自己做决定的性格。奥唐纳发现，15岁以下的青少年普遍没有自信，无论去酒吧还是参加其他社会活动，他们都希望有一个“带头人”，直到17岁或以上，一些年轻人才拥有自主做绝对决定的能力。

英国著名教育学家斯宾塞也认为，任何孩子都会对某些特定的对象表现出特别的兴趣。一旦他们产生了兴趣，父母教育的最好时机就出现了。只是，在现实生活中孩子随时容易被各种新鲜事物吸引，真正发现他们的兴趣所在，并将其发展为可以陪伴孩子终生的兴趣并非易事。

在家庭教育研究专家李世正编著的《兴趣决定孩子的能力》一书中，作者提出父母一定要为孩子提供各种各样的机会，让孩子自己去探索和发展兴趣，父母要给孩子必要的引导和帮助。

教子箴言

才艺的培养要因人而异，根据孩子的兴趣爱好、性格特点和年龄特点等，最终做出正确的选择，使孩子得到兴趣培养和能力开发。任何学习都不应该以牺牲孩子的快乐为代价。选择兴趣班，还要注意掌握科学的方法，让孩子在快乐的状态下学习。

不要为了满足家长的虚荣心而让孩子学才艺

很多父母以为自己所做的一切都是替孩子着想。为了让孩子去学某项才艺，父母得省吃俭用，还得按时接送，实在是一项莫大的牺牲。万一孩子不认真学习，可真是气煞人！事实上深思起来，很可能是父母亲为了怕子女比不上人家的孩子，或是为了满足自己的虚荣心而让孩子学才艺。

父母如果能够时常反省自己的所做所为究竟是为了孩子，还是为了达到自己的期盼，相信很多问题就可以迎刃而解了。

慧慧今年 14 岁，家庭条件很好。从 3 岁开始，她爸妈就给她报读幼儿园自办的各类兴趣课。由于当时年纪小，兴趣课都是老师在放学后顺带上的，慧慧当时并不觉得辛苦，周末还能跟着爸妈到处玩，可到慧慧 6 岁上小学开始，就再也没正式过过一个像样的周末和寒暑假了。几乎所有的周末和假期，她都跟着爸妈在青少年宫、课余学校之间奔走，上奥数、英语、芭蕾、钢琴、书法、围棋 6 种兴趣班。“小孩子学东西快，趁着年纪小多学点东西总是好的，技多不压身。”慧慧妈总是这样说。

慧慧大部分同学的情形也跟她差不多，家庭条件好的一般要上 2 ~4 个兴趣班。周末其实成了父母和孩子最辛苦的时候。一到周末，青少年宫、各类小孩兴趣培训中心总是车满为患、人声鼎沸，这或许可算得上中国父母重视孩子教育的旷世盛景。

大街上总是可以看见拿着疯狂英语书的小学生，少儿琴行里也经常传出钢琴练习曲的声音，书法培训班外总飘着浓浓的墨香。在兴趣班大热的背后，其实，自愿参加兴趣班的孩子不足半数，大多是父母帮他们安排的。

“其实这些兴趣班，我大多都不喜欢，为了让妈妈高兴，只好做做样子”，慧慧经常偷偷地这样抱怨，“书法我倒是很喜欢，我的毛笔字写得挺好看的，可是妈妈说书法将来对前途没用，已经减了很多课程。网球我也喜欢，可妈妈不怎么让我打。英语和奥数课程倒是增加了不少，妈妈说学好了将来对我升学有好处。她总是不停地跟我说什么有用，什么没用，那个芭蕾舞我一点都不想学，可是妈妈周围朋友的女儿都在学，她也一定要我学，每天还要看我在家练，还一定要跳得比别的小孩儿好。”最近，慧慧的爸妈又把她的钢琴课从一周一次调整成了一周两次，目的是让她早日把钢琴十级拿下……

文化课的辅导班越来越多，自己能安排的时间越来越少，慧慧说她很想有一些自己的时间和空间，做些自己喜欢的事。

慧慧父母的做法在如今的家长中极为普遍，很多家长都按照自己的兴趣和想法给孩子选择兴趣班，实际上，这样的兴趣班满足的不是孩子的兴趣，而是家长的虚荣心。家长们都有望子成龙、望女成凤的愿望，可是很多人却忽视了孩子内心的真正需求。也许有的孩子可以在家长的高压下，把并不喜欢的东西学得很好，但这毕竟是一个痛苦的过程。

说到父母的虚荣心，可以联系到一部动画片《大头儿子小头爸爸》之中的一个情节：大头妈妈在看到邻家小胖的母亲在自己面前夸小胖的智商如何之高时，也在暗地里进行了脸面的角逐，于是夫妻双双带着儿子大头进行智商鉴定，但结果是儿子大头的思维总是与同龄人固有的思维反其道而行之，让其脸上失色不少。而在此之后，又对儿子大头进行了多方面的培训，包括才艺与运动。而这样的剧情反映出来的其实是当下父母对子女的一种教育现象，那就是父母为了使子女给自己脸上增光，把自己的意愿强加给子女，而对于他们的内心世界却缺乏了解与呵护。

正是这种强加的意愿，使子女在年少的时候，无法畅通地表达自己的思想和观点，而在内心里即使有一百个不愿意，也只能按部就班地随着父母安排的路去走。

有一句话可以概括出中国父母对于子女所包含的心结，那就是“望子成龙、望女成凤”，也就是说子女在成长过程中小到学习成绩的好坏、才智表现是否胜他人一筹、谈吐言辞方面是否得体，大到步入社会之后工作的好坏、收入的高低、能否买得起房开得起车，都成为父母的一块心病。而这块心病就是希望子女能够出人头地、能够呼风唤雨，不要辱没了祖宗门风，不要丢了家族的脸面，这些希望的寄托，也是父母对子女爱的写照。

但就是这种爱，却见证了另一种生活的格式，那就是暴露出中国父母的虚荣心，把孩子当成了炫耀物。而正是这种心理使然，才有父母在子女成长过程中强加的意愿融合，并因此造成了父母与子女之间的代沟存在。

在子女成长的过程中，父母不会因为子女的成长而去感受他们的内心世界，去探知他们的所思所想，只是单纯地认为：我们对你的安排，一切都是为了你的将来。于是，子女即使内心感到痛苦、压抑，父母依然在人前人后细数着他的长处和优点，却从来没有去感受过自己强加的意愿与子女缺少交流而造成的代沟。

其实，孩子可能只是不会说父母教给的话而已，这只是说孩子不能进入父母的思维中，孩子原本就不懂得这么多。父母让孩子学说话，无非是见了什么人说什么样的话，这其中反映出父母迎合世故的心态。这一点对孩子的成长发展没有任何好处，孩子就是孩子，为什么要培养成人心理呢？

父母除了让孩子满足自己的虚荣心之外，还在很大程度上“指导”孩子的行为。孩子想什么、怎样做是孩子自己的事，父母为什么要指手画脚？限制孩子的行为就是限制孩子的思维。孩子的心理很单纯而父母心理很复杂，家长总是想让自己的孩子尽善尽美。

孩子都有幼稚的一面，都有一个学习完善的过程，没有必要进行过多的引导。孩子在认识一个不熟悉的事物的时候首先是感性认识，其次才是在感性的基础上进行理性的认识。往往孩子的认识过程被家长忽视，而家长以自己的观念强制性给孩子灌输经验。这种主观性的引导行为完全扼杀了孩子天性中最珍贵的好奇心和自主的探索欲望。

天真是孩子天性的表现，是人生最珍贵的资源。孩子是按照最优的天性来选择自己的行为的，他们的天性在没有压抑的环境下是最佳的能力增强方式，也是最佳的行为选择模式。可是家长往往自以为是，往往认为自己是正确的，是最高的权威，认为自己是聪明的。这种行为虽然是出于家长的善意心理，但是给孩子的危害事实上是巨大的。

中国式的父母，生来就有这样的观念：你是我的孩子，那么我的话就代表着权威，你必须按着我说的去做。他们不会去考虑孩子内心的想法，总认为自己是为了孩子的未来而着想，都是出自期望的情结。于是，从孩子出生起，就安排了他未来成长的路该怎样去走、生活该怎样去安排，但绝没有想到自己这样的安排和做法，孩子的内心是否接受。在父母眼中，只有孩子出色的表现才是令他们开心快乐的，只要孩子在学习上表现出众、成绩优异，那么做父母的再苦再累都认为这样值得的。

因为在自己能力范围内去满足孩子成长所需，而孩子又能恰如其分地用好的成绩和品行来回报父母的时候，无疑使他们的脸上充满激情和斗志，可以在邻里亲朋之中抬起头来，津津乐道。在那种情况下，孩子的优劣与否，完全战胜了财富的拥有量。

父母的这种虚荣心，可以从很多地方表现出来。如让孩子在学完功课之后再进入辅导班、特长班，选一些孩子打心眼里不喜欢但自己认为必须掌握的特长，诸如去学琴、棋、书、画等，却从来没去了解自己的孩子到底对什么有兴趣、对哪方面有爱好，只是看到人家学了自己的孩子不学，就感觉低人一等。而在送孩子进入这些特长班之后，与街坊邻里聊家常时，都可以成为津津乐道的话题，似乎孩子在拥有某些特长后就站在了巨人的肩膀之上，却忽略了孩子的内心对这些特长到底有多少钟爱在里头。

当孩子在学习成绩不好的时候，往往不会冷静地去做分析、以朋友的身份去沟通和触摸他的所想所思，而是冷嘲热讽、恶言相向，或是拿某某同学相类比，更甚者是拳脚相加。或许这样的行为，父母认为是为了孩子的将来，但却没有考虑孩子的内心。

一个孩子，无论多大，都是有尊严、有知耻之心的，在冷嘲热讽、拿他人对比的情况下，只能造成对他自信心的伤害，只能造成他对学习的厌恶。因为这种所谓的苦口婆心的教育，其实是在慢慢摧毁他的斗志与信心。而这些，是许多父母在面临子女教育的时候所没有想到的。

中国式的父母总是会这么认为：我所做的一切都是为了你，当你在学习的时候，不会让你为吃发愁为穿焦虑，那么你就应该拿出好的成绩来回报我，那么父母的付出无论有多辛苦也是有所值了。但却往往不会去想，人的手指有长短，每个人的能力有高低，而不是人家有多强你就必须有多强。

而这些想法，完全是为了自己的面子在行事，却忽略了如何去发掘孩子的长处，而正是这种面子的存在，很多有天性的孩子往往被扼杀在家长式的教育之中。

子女的成功与否，与父母的正确引导和开明的态度是分不开的，任何时候都不应该轻视自己孩子的能力，也不能忽略他们的所想所思，更不能因自己一意孤行的成长计划而忽略孩子的心理，否则强加的思想之下，得到的回报往往是苦涩的。

一个孩子能否成功，能否成为有益于社会的人，往往取决于父母的态度。宽容而不放纵的父母，给予孩子的是思想、自信；严厉的父母，给予孩子的是沉默与畏怯。如此类比之下，两者后来的成功其结果往往是不一样的。也就是说，有着强烈虚荣心的父母，培养的孩子只能成为他们的炫耀物，而不是他们的胜利品。

父母真正的成功，在于子女能够把自己的思想和心迹向你表露，可以与你探讨生活的得失和困惑，可以表露他自己的言与行，可以主张他自己生活的方向；而不是在成人之后，还要听从父母的意向去生活去奋斗，那只能成为父母虚荣心下的牺牲品。

教子箴言

“望子成龙、望女成凤”的父母往往把孩子当成自己的装饰品，凭自己的意愿来塑造孩子，天真是孩子天性的表现，是人生最珍贵的资源。孩子是按照最优的天性来选择自己的行为的，他们的天性在没有压抑的环境下是最佳的能力增强方式，也是最佳的行为选择模式。

让孩子的才艺之路充满幸福

如今各种选秀节目、综艺节目广受欢迎，随着《全家总动员》《星光大道》《中国达人秀》等节目的热播，不少“小明星”也活跃在荧幕上。看到他们天真活泼、精彩纷呈的表演，年轻的父母不禁会心一笑，甚至有些爸妈动了让孩子当小明星的念头，开始制订各种学习计划，让孩子苦练才艺，希望有朝一日孩子一举成名。

各地举办的小明星选拔赛更是名目众多。一项“造星”活动广告词写道：招募有演唱潜质的儿童，不限男女，不论地域，只要想唱，一唱成名；同时还有房车、奖金、出国旅行相送。面对这样的诱惑，估计连成年人都难以自持。

小璐今年 11 岁，在一所艺术学校学舞蹈，一位记者在一家影视网的博客中发现了她的资料。博客是小璐的妈妈开设的，她将女儿的照片贴在网页上，并自荐道：“孩子长相酷似刘亦菲，能歌善舞……希望导演给她一个演出的机会……”当记者联系小璐的妈妈提出采访要求时，电话那头的声音很是兴奋。

次日，记者来到约定的咖啡厅，小璐和她妈妈已经到了。坐在窗旁的小璐鬈发披肩，穿着短装棉袄，下配格子短裙和长筒靴，一脸的冷漠，看不到她这个年龄应该有的朝气。小璐妈妈和记者絮絮地说着，一提到小璐，小璐就是一脸的不耐烦。

“如果你认得导演或是剧组的人，能不能帮着牵个线，我们可以给一定的报酬……”小璐妈妈毫不掩饰希望孩子成名的渴望，她坦言家境并不十分富足，但为了孩子将来走上演艺路，她愿意倾其所有为孩子铺路。“孩子学舞蹈，相貌又出众，不当明星浪费了。”为此，小璐的妈妈辞了职，一心打造女儿的明星梦。每隔一段时间，母女俩就会到外地参加各种比赛和选秀节目，为的是能多认识演艺界人士。好几次，小璐的妈妈打听剧组下榻的饭店，带着女儿守在酒店门口，遇人就自荐，虽然希望一次次落空，但她们并不打算放弃。

小璐妈妈说，如果有朝一日孩子成了名，一切付出都是值得的。

实现自己的梦想没有错，但也要符合实际，不要为了自己编织的“明星梦”失去方向感，不要为了“明星梦”而忽视了对其他方面的学习和综合能力的培养，更不能拿自己的美好青春去做一生的赌注。

其实，在当今这个时代，对于每个孩子来说，到底什么才是好的选择，我想家长都有自己不同的评价标准。但是孩子选择这样的“艺术之路”以后，幸福吗？快乐吗？他自己有创造力吗？他以后的人生有主动选择的能力吗？这些，恐怕才是孩子最重要的东西！选择好属于你自己的人生之路最为重要。

许多家长觉得学习艺术是孩子成名的一条捷径。在这种思想驱动之下，就出现孩子被逼迫学艺的现象。周虹说：如果孩子在学习过程中没有感觉到任何快乐，不但培养不了艺术趣味和欣赏力，反而会让孩子对艺术的理解产生偏差，认为艺术就是枯燥的练习。

相信父母在认真思考之后，一定会得出最好的答案。作为父母，无论是否让孩子成为“小明星”，都应该给孩子创造良好的环境，提供最好的教育和滋养，让孩子自由健康地成长！无论孩子学习什么样的才艺，父母都要尊重孩子的兴趣，并加以正确引导。

1. 给孩子宽松、自由的环境

在孩子学习才艺的过程中，出现不主动练习、找各种各样的理由逃避或者拖延练习时间、出错、退步或不愿继续学下去等现象，这些都是很正常的。父母要认真地想一想，有哪些因素能够更好地激发和保护好孩子的兴趣，快乐坚持；不断地调整教育孩子的方法，使他们有一个健康快乐的心理去面对社会上的各种状况。

2. 正确引导，学艺和学业并重

父母一定要放下自己的私心，不要把金钱和物质享受看得很重要，要坚持不懈地加强孩子的基础学习和教育。与此同时，心理健康教育尤其需要加倍重视。

尽管人们都知道“兴趣是孩子成长的第一老师”的道理，但真正在教育孩子的过程中，却总以孩子太小、懂的事不多等为由强迫孩子学习自己不愿学的东西，导致不少孩子潜在的天赋被生生地抹杀。当然，好材料还要精雕细刻才能成为一件好作品，顺着兴趣培养孩子与放任自由不是一回事。前者是通过孩子的兴趣挖掘潜力，而后者却往往会成为一种溺爱，是不可混为一谈的。

当然，孩子们梦想成明星的这种趋势也有需要值得警觉的地方，它正向我们昭示了现代人一种急于求成、追名逐利的急躁心态。面对这种情况，我们需要做的并非是教孩子们该有什么梦想，不该有什么梦想，而是要教会他们真正懂得“宝剑锋从磨砺出，梅花香自苦寒来”的道理，培养他们大处着眼、小处着手的行为习惯，使之在个人的不懈努力下走向理想的殿堂，试想这样做又何尝不可？

电影《明星梦》是个值得家长去看的影片。影片没有奢华的场景，也没有大牌巨星。但是它用简单的镜头关注了大众最为关心的话题：孩子的健康成长。

片中的主角是三个性格各异的孩子：大鹏、子若和冰冰。他们同时参加了儿童选秀大赛。为了能够成为明星，三个孩子和他们的家长都付出了很大努力和代价。故事通过三个孩子的生活在三个不同的层面展开。大鹏憨厚老实，有着惊人的歌唱天赋，无奈家境贫寒，但是以卖包子为生的母亲还是竭尽全力地帮助儿子，终于圆了儿子的梦，同时大鹏家也在众人的帮助下慢慢过上了好日子。

子若聪明乖巧，妈妈是一名精明强干的白领，对女儿的要求也格外苛刻，一天大于一天的压力使子诺在选秀决赛的舞台上晕倒。虽然没有得到冠军，可是这次经历让子若的妈妈意识到怎样教育孩子才是正确的，子若也变成了一个开朗乐观的健康少年。

冰冰是个时常自称为“公主”的富家千金，母亲把自己未能完成的明星梦强加到了女儿身上。为了能圆明星梦，母亲不惜重金打造一个毫无艺术天赋的女儿，而冰冰对这个明星梦却愈发感到迷茫……

片中的子若乖巧懂事，为了不惹妈妈生气，她像机器一样不停地参加妈妈安排的各种培训班，舞蹈、奥数、英语……默默承受了母亲给的一切压力。在子若不堪重负的时候，她选择了给在远方工作的爸爸打电话。这场戏中，子若拿着电话，悠悠地说：“爸爸我想你，很想你。”电话那头传来爸爸的声音：“子若要乖，不要惹妈妈生气，听妈妈的话。”这时的子若泪如雨下。

在今天“造星”狂热的社会氛围中，这部电影使得家长和孩子积极健康地认识到什么是明星，相信也能让家长认识到给孩子一个自然健康的发展空间更为重要。

教子箴言

和谐的颜色、柔和的声音、明快的节奏，这些美的元素对孩子来说是享受和兴趣的萌芽，千万不要让孩子刚刚展露的“才艺”戴上虚荣的面纱，而应鼓励孩子自身的点滴进步，保护他的兴趣，赞赏他的成功，让孩子享受艺术带来的幸福。

宁精勿杂　宁专勿多

如今，青少年参加各种才艺大赛、选秀、商业演出相当常见，几乎成为一种潮流，通过选秀活动而少年成名的孩子也不少，更有 11 岁女孩参加模特大赛一战成名。于是，以培养孩子某些特殊能力为目的的特长教育机构越来越火，书法班、美术班、舞蹈班、音乐班……应有尽有，想学什么都有人教。

有的父母既让孩子学舞蹈，还让孩子学画画，又让孩子学珠心算。这样虽然各个专业都有所涉猎，但大多都是蜻蜓点水、囫囵吞枣，没有一个能真正掌握，起不到让孩子发挥特长的作用，反而会让孩子变得浮躁。

兴趣爱好广泛固然是件好事，但物极必反，我们的孩子毕竟还是幼儿，他们的年龄特点决定了他们是不可能做到面面俱到的，他们的童年应该是快乐的、无拘无束的，不能把过多的重负压在孩子身上，既然学，就应该把孩子的潜质挖掘出来，让孩子的天分得到充分发挥，追求完美，力求做到极致。

父母望子成龙、盼女成凤的愿望都可以理解。也不容否认，将学习成果展览或是在舞台上表演确实能够教会孩子如何在公众面前更自信地表现自我，这是其他的教育手段所不能达到的效果，在这个过程中能够激发孩子兴趣，张扬儿童个性，对增强孩子的社会适应能力也有好处。

但应该注意的是，孩子和家长都要把握好才艺竞赛的“度”，一切以有利于孩子的成长为原则，遵守孩子的自然生理发展规律和循序渐进的发展过程，不能损害其天性。对孩子进行才艺培养的正确目标应该是，让孩子在艺术方面去享受艺术，在才能方面去展示自己。

不论学习才艺还是参加比赛，重在参与、享受过程，家长不必刻意强调结果，让孩子在快乐的学习氛围中健康地成长成才是最重要的。如果比赛过多，则会给孩子过大的压力，为了比赛而进行拔苗助长式的训练或是让孩子参加成人类别的比赛，更是损害其天性，不利于孩子的终身发展。

《礼记·学记》里有一句教诲，“杂施而不孙，则坏乱而不修”。我相信大多数家长都犯一个很大的忌讳：贪多，觉得多就一定好。其实不见得，因为多就会乱。一次让孩子学一大堆东西，也没有考虑到孩子有没有囫囵吞枣，到最后一定会学不好，甚至会让孩子觉得不想再学了。现在很多孩子同时学三四种才艺，到最后的结局是什么？厌学。所以学东西、求学问甚至于各种技能的学习都要专而不杂。

孔子说：“好之者，不如乐之者。”他做这件事是欢喜去做的，你不推他，他都会继续深入下去。就好像我们真正明白学问对自身的好处，哪里还会依靠父母、老师在旁边鞭策？当他很专注的时候，当他能体会到自己的成长、自己能突破一切的时候，其内心的欢喜就会自然而然涌上来。

著名社会教育家、书法教育家杨淑芬五岁时跟随父亲开始书法启蒙学习，学了四十一年，杨老师教书法仅是“永字八法”的第一个点就一定要让孩子点几千点，才可以再学下一个笔画。书法是拿来修身养性的心法。如果一开始孩子学的都是功利，一定与艺术背道而驰，所以我们确确实实要给孩子正确的引导。在书法艺术当中，能够把这一个点点好，孩子的耐心、毅力就在这个过程中磨出来。孩子的基本功都能扎得扎实，一个人基础好了再求发展才不会败丧下来；假如基础没扎好，发展得愈快愈危险。

所以杨老师在学书法的过程中，懂得了每一个字的结构，看起来就非常工整。有这样的态度，当她在处理事情的时候，也会提起这种观照能力，事情要怎么安排，才不会乱。在写书法当中，她的定力成就了。而当定力成就了，她对人对事的处理就能有条不紊。所以学艺术的终究目的还是提升道德修养。

孔子说：“志于道，据于德，依于仁，游于艺。”而“游于艺”也不离修道德，也不离养一个好的心性。所以，学才艺不能学杂，杂了就什么都不专。你学一门艺术是一门深入的话，除了能把这个艺术学好以外，所有学习的正确态度都会形成，这种耐力、毅力、专注力都可以用在往后学习任何东西上。因为在学习这门艺术当中，对于整个艺术的敏感度就会特别高。当杨老师再去学其他的艺术，比如学国画、篆刻，因为她已在书法里对于艺术有很高的敏感度，所以学其他的艺术速度都比别人快很多。

杨老师虽然没有学过所谓的网络图画编排，但是只要一看，就能看出哪里不协调，哪里不好，很多专业的人都不得不佩服，这就是杨老师一门深入的效果。

一门深入地学习，才能不断提升自己的能力，而杨老师就是一门深入的好榜样。书法界的泰斗启功老先生七十岁的高龄时还在做最笨的功夫，即临摹。他把知名书法家的字，放在下面用玻璃隔开，一点一滴地临摹，生怕还有自己的一点意思在其中，无法进入王羲之、欧阳询这些高人的笔法境界，所以要把自己放下。很多的求教者都来跟他说："我每天练几万字，练的都是一叠纸，非常努力。"但是启功老先生跟他们说："你们字帖练得那么多，每天练那么多不同的字帖、不同的字，就好像打靶，打一万发一发也没中；而我打一发，一发就中，这一发比你一万发还有效。"

所以学才艺，不要同时学一大堆。才华的成就，好比挖井一样，一口井挖到底，水源就冒出来。而这一口井的水又通任何地区的水源，所以学通了一种艺能，你再学其他的艺能，就会显得比较简单。

现在我们很多父母带孩子每天都在学英文、学计算机、学跳舞、学下棋，课程排得满满当当，孩子喘不过气来，所以导致孩子怕放假。为什么怕放假？因为放假比在学校上课更累，排得更满。在学校，老师还和蔼可亲，学生还能喘喘气。曾经有个女孩学钢琴得了大奖，有人问她："你得了这么大的奖，现在最想做的是什么事？"结果那个女孩说："我最想把我的钢琴给砸了。"所以欲令智昏，父母只看到这个孩子得奖了，看不看到她的内心是什么状态，父母被虚荣心这个欲望给障住了，完全感受不到孩子心灵的走向。所以这样的孩子被逼得喘不过气来，对父母就有怨恨。

家长们在为孩子选择学习什么才艺时会受各种因素的影响，像学习的地点、其他家长的意见等。但却往往容易忽视学习主体也就是孩子的客观条件和主观愿望。理由是，孩子那么小，不懂。其实，在选择兴趣或特长培训班时，应该更多地尊重孩子的想法和意愿，因为只有在快乐的自主学习中，才能有较高的学习效率，也才会收到好的效果。

俗话说，强扭的瓜不甜。若孩子对所学的内容缺乏学习兴趣，不但收不到应有的教育效果，反倒会阻碍孩子情商和智商的正常发展。家长可以领着孩子多走走看看，让他们了解学习的内容，参与到选择的过程中，给他们选择的权利。不要总是认为多学总比少学好，希望孩子琴棋书画什么都会，这样综合素质就能提高。殊不知，贪多嚼不烂，孩子的精力有限，面面俱到必然会导致每项都所学不精，特长才艺的学习需要量力而行。

孩子毕竟是孩子，贪玩好耍是他们的天性，同时他们的兴趣与爱好都具有较大的可变性，今天喜欢的东西，明天也许就不再喜欢了。特长教育不同于学校教育的地方在于，它主要是培养孩子对某些技能学习的兴趣和欲望。因而在教育过程中应有张有弛，松紧有度，并给予孩子足够的自由活动的时间和空间。

另一方面，才艺的培养是一个长期的过程，家长们首先应避免急功近利，应该从孩子的长远发展和长期成长考虑，教导孩子脚踏实地，循序渐进。在学习过程中，孩子的非智力因素包括自我情绪控制、心理弹性、意志力等都能获得明显的提高与发展，这对于孩子的成长非常重要。不能用成年人的标准去要求孩子，应该根据孩子的心理特点加以引导。家长的支持、鼓励和帮助不仅要表现在孩子出现厌倦情绪时，更要贯彻在平常的学习中，多陪伴、多交流，及时了解孩子的心态变化，增强孩子战胜困难的勇气和信心。

天上的星星每一颗都很漂亮，但我们不能通通摘下来。同样，每一种才艺都各有所长，对孩子的身心发展可能都有帮助，但却无法让孩子每样都学。父母如果每天都帮孩子安排各式各样的才艺课程，孩子不累坏才怪！而且，对一个身心疲累的人来说，再好的东西，都将失去其意义。

所以父母必须先衡量所有的才艺课程，排定优先次序，看孩子觉得学哪一种最重要，以便有所取舍。对于这一点，父母的价值观虽有影响，但也不可忽略孩子的兴趣，因为孩子兴趣浓厚时，学习效果最佳。如果你觉得某项非常重要，孩子非学不可，而孩子却兴趣缺失，那就看老师或你自己如何引发、培养孩子的兴趣了！

教子箴言

兴趣爱好广泛固然是件好事，但物极必反，孩子的年龄特点决定了他们是不可能做到面面俱到的。天上的星星每一颗都很漂亮，但我们不能通通摘下来。同样，每一种才艺都各有所长，对孩子的身心发展可能都有帮助，但却无法让孩子每样都学。只有精才能做到极致。

创造力应在平和中绽放

童年，这个在每一个人的人生旅途里最为宝贵又最为短暂的梦幻时光，总是很大程度地影响着一个人的一生。相信每个人都会希望自己的童年就像那首校园民歌《童年》里面唱的那样，既美满又幸福，既让人无限向往又仿佛触手可及……

当今这个处处充满竞争的社会中，在我们大人的圈子里，可谓到处都充斥着各种各样的压力。而现在的孩子，其实要承受的压力真的一点都不比大人小。在学校，一天下来要连续上几节不同科目的课，回到家里，还有堆积成山的作业，一到周末，又有各种的补习班、兴趣班。有的家长，好像生怕孩子落后了似的，一口气帮孩子报了几个不同的兴趣班，学完钢琴，要赶着去学画画，学完画画，还要赶着去学跳舞，根本不给孩子喘息的机会。恨不得自己的孩子一口气就把所有的知识学完，却完全没有理会孩子的感受，没有从孩子的角度去想一想——孩子到底喜不喜欢上这个兴趣班？孩子到底需不需要上补习班？或是孩子适不适合学这门才艺？

这样强迫式的教学，效果又如何呢？真正学会的又有多少呢？孩子们的日常生活被安排得满满当当已经是大人们习以为常的事，甚至如果一天不安排自己孩子的活动，父母们就会感到不自在。如果自己的孩子整天无所事事“虚度光阴”，父母们简直会受不了。

“周围的小孩都在培优，不能让儿子掉队了！虽然才读四年级，还是给他报了一对一补习班。一放假，就给儿子制订了寒假学习计划表。单号上午补习英语，下午学习乐器萨克斯。双号在教育机构一对一补习，上午语文，下午数学。”李女士坦言，从儿子上幼儿园起，就陪他泡在了各种培训班里，自己全职照顾他。儿子期末考得不好，得趁着假期好好补补，为将来小升初打好基础。

“选洪恩英语，还是选剑桥英语好？”孩子期末考试还没结束，洪女士已经迫不及待地在QQ群中与其他家长讨论起孩子的暑假安排。在大家的建议下，她最终为孩子报了剑桥英语班，20天课程花费接近4000元。暑假到来，像洪女士这样提前为孩子张罗的家长不在少数，辅导班、夏令营、才艺班、游学等各种高价“节目”在等着孩子们。

大多数的家长会在寒暑假让孩子参加两个以上补习班，其中以英语、奥数最多，还有书法、游泳、绘画等课程。这些补习班可不便宜，花费少则数千元，多则上万元，估计暑假过完，钱包就要瘦一圈。人们称每个寒暑假，都是“烧钱季”。“但是假期是孩子补习的黄金期，这也是没办法。”所有的家长都会这样说。虽然补习费用高，家长们一边大呼Hold不住，一边还是给孩子报班恶补。

孩子的假期被排得满满的，这反映出学校负担减轻了，但是家庭负担却越来越重。孩子如果不愿意培优，强塞到培训班也是没有效果的，反而会引发孩子的厌学情绪。如果孩子有兴趣，在哪里学习都是一样。学习要从孩子的兴趣出发，家长不能一味强调孩子书本、文化知识的学习，也要多增强孩子的社会知识。

家长的心情自然是可以理解的，读书——改变孩子人生的一条便捷而又高效的道路（虽然不是唯一的），又有谁不想走这条道路呢？于是就有了千军万马争过独木桥的奇观了，也难怪家长们不抓紧抓早，为孩子发展打好扎实的基础，培养其广泛的兴趣，发展其立身之本、一技之长，于是假期的培训班成了家长要点的必有“菜谱”。

假期是老师与学生调节身心的好时间，家长给孩子安排有意义而又充实的假期生活是必要的，是可以理解的有意义安排，但不要排得过多过满了，应多留些时间给孩子自己支配，让其有足够的时间进行学习情绪的调整，以便在今后的学习中更有效。

很多时候父母大概往往认为他们是孩子最好的老师，但是我们又究竟给孩子编织了什么呢？是一片无忧的天地，还是一张无形的网，而孩子是这其中的鸟？世事难料，只有他们自己才可以把握自己的希望，作为父母只能为他们提供一个支持与港湾。

要想真正让一个孩子快速成长，更多的是给他时间与空间。让他随着年龄增长，能理解父母除去在生活上的保障外，也能给他提供一个有效的心理互动通道，让他感知到尊重、平等，这样孩子的创造力就会在平和中绽放。教育的职能是让人快乐成长，让思想通达，其实教育本应是一个很清新快乐的事。

其实，对于孩子的假期，家长们可以利用寒假多给孩子适当的休闲时间，让他们读有兴趣的书，与小伙伴们玩耍，参与社会实践活动，提升他们人际交往的能力等。“寒假变成第三学期就失去了寒假的意义，要给孩子们一个劳逸结合的轻松假期，让他们快乐成长。”专家建议：

1. 多带孩子去公园，特别是乡村公园，让孩子接触树木、溪流和大自然。

2. 带孩子去有天然游泳池的海滩。

3. 在自家的后花园进行烧烤活动，孩子们爱做什么就让他们做什么。

4. 让孩子自己照顾自己的生活，让他们在客厅和厨房里帮忙，比如打扫之类。

5. 在假期里，允许孩子整天穿着睡衣，允许他们饿了才吃东西而不一定定时进食，允许他们晚上到屋外去看星星，等等。如果你实在不能忍受自己的孩子整天无所事事，那么，请至少在假期的一半时间里让他们拥有悠闲的生活。

6. 尝试带孩子去一些“冒险乐园”游玩，选择适合他们年龄的活动，让他们尽兴而归。

7. 无论在哪里，请不要总是试图安排自己的孩子。

耶稣曾说，盖一座楼要先计算一下花费才开工，打仗或做主门徒亦然，免得半途而废，前功尽弃。上帝赐给人的时间和精力都是有限的，父母如要让孩子学习各种才艺，也要先计算孩子有多少空闲时间，才能做最恰当的安排。尤其是一些有带功课的才艺，像钢琴、小提琴、心算等必须每天练习的，更要把练习时间计算在内，以免孩子负荷过重，失去兴趣。事实上，孩子需要有些空闲的时间来学习怎样支配、运用时间，做自己喜欢做的事。如果把孩子的作息安排得满满的，恐怕栽培出来的不是自动自发的人，而是按作息表做事的机器人。

除了时间以外，家庭经济也是需要考虑的一个因素。不必因为别人的孩子都学，自己的孩子也得学。家里有多少钱就让孩子学多少，让孩子知道父母这个银行并非万能、无限，对孩子来说也是一项学习。

教子箴言

教育是让人快乐成长，使其思想通达，其实教育本应是一件很清新快乐的事。要想真正让一个孩子快速成长，更多的是给他时间与空间。让他随着年龄增长感知到尊重、平等，这样孩子的创造力就会在平和中绽放。

帮助孩子克服学习中的难关

对孩子而言，世界上的许多东西都是新奇的，今天想玩积木，明天发现玩皮球更有意思，后天看了科幻画报还想将来当科学家呢！有句俗话说得好："没有不行的孩子，只有不坚持的家长。"如果是根据孩子的兴趣选择了特长班，那么我们做家长的首先要做到坚持到底，不能半途而废。

刚开始学习孩子好奇可能很喜欢，学习一段时间后遇到困难就不想学了。如果这时候孩子提出不学了家长就答应，就会给孩子留下一个印象："只要我不想做的事就可以不做了。"这样对孩子将来步入社会也会造成不良的后果。类似这样中途停止学习的情况，不外乎有这三种情况：

1. 某一项目对孩子来说确实有难度，教练在教学的时候忽视了孩子心理的承受能力，让孩子过分地体验到挫败感（来自老师方面的，还可能是别的原因），既而产生了厌学情绪。大多数孩子在这个时候是看不到老师本身的问题的，只会把原因归到自己身上（或是想到了，可无可奈何），从而引起强烈的抵触情绪。而这一点，很多时候是无法跟家长沟通的，因为大多数家长只会站在老师的那一边，认为老师是对的。孩子心中的苦闷可想而知。

2. 经过一段时间的学习，孩子在这一过程中体会不到学习的乐趣，觉得自己不是学这东西的料，于是提出终止学习。学习一门特长，真的是需要一点天分的。

3. 孩子过于好强，容不得别人比自己好，为了避免因落后他人而带来的"伤害"，终止学习。

孩子遇到这方面的困难可能是三方面原因互相影响的结果，所以，家长一定要通过听孩子倾诉、与老师交流等了解他侧重哪一方面的原因，然后选择干预的切入点。如果侧重于第一方面的话，那么家长要多跟老师沟通，了解孩子的学习情况，同时也传达家长对教学的关注。

如果侧重于第二方面的话，家长应该想想，坚持让孩子学习，是孩子的需要呢，还是家长自己的需要，如有的家长朋友说："孩子比较弱，让他练跆拳道，确实是对他有好处呀！"从这一出发点，其实满足了家长关心孩子身体，希望他通过练跆拳道而变得强壮的愿望，至于孩子能否坚持下来，是否从中体会到乐趣则完全忽略。能否体会到乐趣是孩子学习的重要动力，如果说对一项毫无兴趣可言的事坚持，是对一个人意志力的考验的话，我们倒要怀疑这么做是否"别有用心"了。

如果侧重于第三方面的话，家长要利用自己的权威，要孩子务必坚持下去，没有商量的余地，因为好强的心理，只有在具体的事情面前让他学会面对，是万万不能回避的。现在孩子还小，只要大人不处处迁就他，经常在他面前引导他发现同龄朋友的好处，他是可以接纳别人也一样优秀的事实的。

有些家长认为孩子有了一技之长，长大了至少多了一个竞争或谋生手段，至于维持孩子的兴趣和激发孩子的灵感，则是他们很少考虑的。这种功利主义的观念和做法是不足取的。因为一个指法不到位，就严厉指责孩子"你怎么那么笨"或"你怎么那么不用心"等，如果孩子因此而丧失兴趣或信心是很不值的。

比如，弹琴本身是一个很复杂的心智活动，尤其是在注意力的分配上：既要读谱，又要看谱，还要搞准指法，有时还要纠正已经形成的错误。一双眼睛、一个脑袋同时要干这么多事情，也确实够难为孩子的了，而这一复杂技能的熟练掌握需要一个逐步提高的过程。而考级势必要求孩子弹一个曲目很多遍，为一个指法而练很多遍，这样反复做同一件事情是很单调的。也就是这个原因，很多孩子一开始很喜欢弹琴，后来就厌恶了，因为他们从中得到的不是性情陶冶的愉快情绪，而是由家长唠叨和吵骂引起的焦虑、烦躁、单调、无奈，甚至失望和厌恶。

学习固然是一种乐趣，但大多时候会遭遇困难和挫折。曾经有位妈妈跟着女儿一起学跳舞。在练习过程中，她发现原来要跳好并不容易。当她回过头来要求孩子练习时，就不再像以前那么苛刻了。还有一位妈妈，在孩子练琴时，帮孩子弹辅助曲，使孩子在合奏中享受音乐找乐趣，并且共同渡过许多学习的关卡。像这样跟孩子一起学习，最能体会孩子的甘苦；如不能做到，则更要多多体谅孩子。无论学什么，都要让孩子感觉那是一种权利，而非义务，孩子才会觉得可贵。

张女士的儿子今年上小学五年级，从四岁开始，儿子便跟着老师学习钢琴。与很多家长不同的是，张女士为了辅导儿子弹钢琴，从零基础学起，最终儿子考了钢琴五级，她自己则达到了钢琴七级的水平。“我要是不懂，就没法辅导啊。”

张女士说起来有些无奈，儿子四岁半时，在幼儿园见老师弹钢琴就会非常专注地看。她觉得儿子喜欢音乐，便开始给孩子报班学习。张女士选的是老师一对一教的方式，每周一次，大概每小时 80 元。最开始的时候老师在前面教，她在后面看。张女士说，孩子毕竟年纪小，有时候老师讲的内容孩子记不住，她便负责做记录，时间长了，老师讲解的时候，儿子如果还有不明白的，她也会上前再用更简单的话讲一遍。

后来老师夸张女士有天赋，邀请她一起学，张女士笑着说，自己上学的时候，只学过唱歌，连五线谱都不认识，真是要从头开始。于是，她开始跟着儿子一起学。张女士说，自己毕竟是成年人，理解起来比孩子更快，更容易些。虽然毫无基础，不过她坚持记指法，然后把五线谱转换成唱词，寻找曲子里的规律。慢慢地，张女士找到了学习钢琴的窍门，技艺突飞猛进。张女士学钢琴后，儿子开始跟妈妈比着练习。儿子能和妈妈一起学习，感觉动力十足，经常要求主动练习。“有的时候我不想练习，儿子就告诉我说，‘妈妈不练，我也不练’，跟我较劲。”张女士说，由于自己要上夜班，所以每天只能抓紧早上孩子上学前的一段时间督促孩子练半小时左右的琴。

原来孩子经常不愿意练，不过有了妈妈这个对手之后，每次练习都非常认真。有了对比，张女士也不能放松，她说，每天上午孩子上学后，她会利用上午在家的时间进行练习。“后来孩子考级都很顺利，钢琴老师也建议我去考试。”母子互相较劲练习钢琴，很快，张女士就追上了儿子的进度，两个人后来还一同去参加考试。

张女士至今记得第一次去考级的时候，身边都是很小的孩子，“孩子们都问我，阿姨，你是老师吗?”她笑着回答自己是考生，一起考试的孩子们感觉非常吃惊。当时她以为自己是考场里年龄最大的考生，后来一问才知道，原来同场的还有一个60多岁的高龄考生，这才放下心来。考试通过后，儿子对妈妈也十分佩服，后来居上超越儿子。

张女士说，她自己学了钢琴后，对辅导孩子非常有帮助，“真的是有的放矢，孩子有弹得不对的地方，当时就指出来。如果我不会，或者弹得不好，儿子不仅会给我指出来，而且容易不听我的。所以，我只好努力学，争取做一个勤奋的妈妈，给儿子树立一个好的榜样。”不像最开始，孩子只管弹，他们并不知道弹得怎么样，有没有错误。

张女士说，自己刚开始学时虽然熟练度上并不如孩子，不过儿子愿意听妈妈的建议。后来孩子学习越发紧张，反而自己考的级更高。“现在他考了5级，我已经考了7级。”妈妈后来者居上，儿子也很高兴。母子俩一起学琴，张女士的丈夫感到意外但很支持，他没想到妻子能弹得那么好，并且家里买了一架钢琴，可以两个人一起弹，大家都觉得物超所值。

由于儿子进入五年级后功课较忙，已经渐渐不再学习钢琴，因此虽然自己也学了8级的课程，不过儿子对钢琴不再感兴趣，做妈妈的也放弃了继续学钢琴的动力，只是偶尔弹弹，放弃了这方面的才艺。但这段和儿子共同学习的经历，还是让张女士感觉十分自豪。当儿子有其他兴趣的时候，张女士也会陪同一起学习。

总的来说，才艺学习固然可以充实孩子的生活领域，但是它并非孩子生活上的必需品。孩子应该要学的东西，学校教育大致上已经提供，才艺学习可以算是补充、点缀。父母无须担心孩子没学到某项才艺，只要配合孩子的兴趣和志向，在众多才艺中作个选择，并在必要时作适当的调整，孩子必能开开心心地学习，父母也会感到所花的心血没有白费。

教子箴言

孩子们走出家门，走向社会，只是个时间问题，就像小鸟早晚要出窝一样，给孩子充分的自由空间，不要强求他们做不想做的事、做不到的事，要鼓励和支持孩子闯出一条适合自己的路，让他们将来能够在广阔的天空上自由翱翔。

第二章

兴趣对孩子特长的影响

兴趣不仅是最好的老师，也是孩子非常宝贵的资源，正是因为兴趣和爱好，才转变为内在的动力，使他们走向成功。只要孩子产生兴趣，就不会把学习当作一种负担，而会在学习、进步、求知中找到满足。孩子的兴趣，就像一棵刚刚萌发的幼芽，越小越旺盛，所以我们一定要从小注重对孩子兴趣的培养，以便他们的潜能正常地发挥。多给孩子一些尊重、理解和宽容，让孩子在阳光沐浴下快乐地飞翔，让孩子在不断体验成功中求知、进步、成长。

要尊重孩子的兴趣

孩子的兴趣是弥足珍贵的，父母不可扼杀。父母不要盲目帮孩子选择特长班，报班前最好带孩子多听听各类试听课，真正发现孩子的兴趣点。确定孩子真正的兴趣所在，这本是孩子方向性的选择，可是有很多的家长根本就不了解自己的孩子究竟适合学习什么，喜欢什么，就跑来凑热闹了。

一位经济条件特别好的家长，他看见人家的孩子学习钢琴觉得琴声优美动听，就三下五除二给他的儿子买回一架钢琴报上了钢琴特长班。刚开始学的时候，孩子好奇，觉得好玩，慢慢地，孩子的新鲜感消失了，就整天哭着闹着不学了。

后来了解到这个孩子根本就不喜欢音乐，因此我们家长应该了解孩子的兴趣后再为孩子选择特长班。在决定是否要让孩子学才艺以及学哪种才艺的时候，要尊重孩子的选择。让孩子自己选择想要学习的才艺，因为内在兴趣才是学习的动力。

一、帮助孩子找到兴趣点

1. 当孩子还不了解各种才艺活动的时候，不要直接问他是否想学

如果不确定孩子是否愿意学，而只是您的一时冲动——看见同事给孩子报了兴趣班，马上问孩子“想学画画吗?”“想学钢琴吗?”周围小朋友和您的情绪很容易影响孩子，他会说想学。您要对自己说“慢慢来，不着急”。您需要给孩子提供各种才艺的感性认识和经验，再看他的意愿。

例如，很随意地带他看一些才艺班、兴趣班的活动，给他介绍他们都在做什么。如果朋友当中有孩子在学才艺，您可以带孩子去他家里玩，欣赏别人的才艺作品，试着玩一玩，如在钢琴上摸摸、弹弹。很重要的一点是在让孩子了解、体会这些活动的时候，事先不要跟他说您在考虑让他学什么才艺。此外，您还要观察孩子是否对某种活动表现出兴奋和喜爱。

2. 和孩子单独交谈，了解他的真实意愿

在孩子有了对各种才艺的认识和体验之后，选择一个只有您和孩子的情况下和他聊聊，了解他对学才艺的意愿。另外，时间可以选择在孩子心情比较平静、家里比较安静的时候，例如晚上睡觉之前。

和孩子单独交谈的技巧：交谈的时候，首先帮助孩子回忆所有他看到的才艺活动。例如，“上个星期天，你在少年宫看见王老师带小朋友玩什么呀?”“昨天，我们在月月姐姐家玩什么了?”当孩子一点一点回忆起他见过的才艺活动时，再问他觉得哪个比较好玩、有意思。如果他说出比较感兴趣的才艺活动，一定要问清原因，以确定他是否对才艺活动本身感兴趣。

当确定孩子的确对某种活动特别喜爱之后，您尽量用孩子听得懂的语言告诉他学这种才艺需要付出代价，比如弹钢琴需要每天坚持练习。您可以引用孩子认识的小朋友的例子跟他解释，虽然他并不能完全理解这种代价，但是仍然要说。这样多少可以帮助孩子决定他是否要学这个才艺。如果他坚持想学，而将来坚持不下去时，就直接提醒他以前讲过的话，逐渐培养他对自己的决定有责任感。

多次交谈后，如果您感觉孩子并没有对哪种才艺特别有兴趣，那就不要因为自己的迫切心情而选择一个班让他去上。您一定要放宽心，因为孩子不学才艺，他会有更多时间享受其他自由的游戏活动，而智力和情感的发展就是在游戏中得到的。如果孩子想学很多才艺，您得告诉他只能选择其中一个。您把他喜欢的才艺活动的好处和代价都解释一遍，让他选择。一旦决定了，就跟他建立协议，如学多长时间，每天花多少时间练习，等等。

我们不能看到别人的孩子学什么，自己就跟着学什么，不考虑这门才艺是否符合孩子的特性。才艺学习更应该“因材施教”。每个孩子都有自己的长处，作为父母，应该善于发现孩子的闪光点，在这个闪光点上加以正确引导，才能让孩子发挥特长，如鱼得水；否则，只能适得其反，父母也会否定孩子，老拿自己孩子的弱项和别的孩子的强项比，比来比去，就认为孩子确实不如别人，从而对孩子产生失望、抱怨的心理，使孩子幼小的心灵受到伤害，从而破坏孩子学习的兴趣，打击孩子的积极性。每个孩子的思维方式、兴趣爱好以及遗传因素等都各不相同，如果我们强求一致，追求整齐划一，那么就没有千差万别、姹紫嫣红、五彩缤纷的世界了。

二、把爱护和培养孩子的兴趣放在第一位

如果您决定让孩子学才艺并确定了学习项目后，请您一定要非常明确培养才艺的目的：尊重和保护孩子对才艺的兴趣，通过学习的过程让他更加喜爱这种才艺。

学龄前儿童的发育还不成熟，注意力不能集中很长时间、容易分心，手指肌肉发展没有完全成熟等，而才艺学习有很多对身体技能和注意力的要求，因此，孩子在技能上可能达不到要求。此外，学龄前是孩子内在兴趣迅速发展的时期，他们对很多新鲜事物都充满好奇和喜爱，这些兴趣的种子如果得到很好的呵护，孩子可以从中得到许多乐趣，甚至成为他将来事业和生活的动力。所以，您不要斤斤计较才艺训练技能上的要求而扼杀了孩子宝贵的内在兴趣。天生的内在兴趣一旦失去，就很难弥补了。

您需要选择一个重视保护和培养孩子兴趣的才艺老师或才艺教学。老师的专业水平固然重要，但老师的教学态度和方法能否保护孩子的兴趣更重要。如果教学忽略了孩子的感受，甚至孩子开始出现不感兴趣的苗头，您需要和老师沟通。在不得已的情况下，宁可让孩子停止上这个才艺班。

1．别把父母的喜好，当成孩子的兴趣

我们这一代人，小时候受条件限制，有些愿望没能得到实现，所以在为孩子选择才艺的时候，往往希望在孩子身上实现自己未遂的心愿。但是别忘了一点：孩子不是我们的翻版，他们身上有他们独特的潜质。

孩子虽然没有绝对的判断能力，但是如果父母仔细观察，会发现他们肯定对某一方面有所倾向。一位妈妈为女儿选择才艺学习有过这样的经历：我在为孩子选择特长的时候，也曾经走入这个误区。我自己很喜欢听古典音乐，特别是古筝，喜欢那种婉转幽怨的曲调，所以我想让孩子学习古筝，也觉得这个比较适合女孩子，但当我开始熏陶她的时候，孩子刚听了一会儿就对我说："妈妈，我不喜欢听古筝，节奏太舒缓了。"听到孩子这样说，我知道勉强不来，我不应该把我个人的意志强加在孩子身上，我喜欢的东西并不适合她。但我发现她乐感很强，身体协调能力也不错，所以我给她选择了舞蹈。事实证明，我的选择是对的，她自己也很感兴趣，两个月后，我的女儿就在舞蹈班里脱颖而出，我庆幸当初没有强迫她学古筝。

2．留心观察孩子学习过程中的情绪变化

在孩子进行才艺学习时，您需要观察孩子的情绪，每次课后练习和去上课之前有什么情绪变化，不要只关心他的学习内容。

很多爸爸妈妈都有这种体会：孩子刚开始的时候总是兴致勃勃，后来慢慢开始降温。因此，当您发现孩子出现不愿意学的时候，思考一下有哪些因素影响他的学习热情：课后练习时间太长？练习当中需要更频繁的休息时间？课程一直停留在他已掌握的水平以至于变得枯燥？因为他总达不到要求、没有成就感而一时失去兴趣？有特殊事件打击了孩子的信心？和孩子多交谈，向老师了解他上课的情况，逐渐找出原因，及时做出调整，以免他的兴趣完全丧失。

3．腾出时间和孩子一起学习

和孩子单独相处的时间是非常宝贵的。爸爸妈妈要弯下身，做个和孩子一样大的孩子，跟孩子一起学习、练习。和您一起学习，会让孩子更享受学习的过程。

无论您是否精通都要从零开始，和孩子同步学习。不要充当老师的教导角色，要态度谦和地与孩子一起学，甚至向孩子讨教他每天学的，和他做同样的功课，跟他一起讨论怎样能做得更好。

和孩子一起学习最常出现的大问题是：爸爸妈妈总喜欢在旁边指指点点。指点太多，孩子会无所适从，注意力分散，厌烦学习。如果您把和孩子一起学习的过程录下来，就会很惊讶地看到自己从头至尾都在不停地说话，发布孩子无法理解、接受的指令。事实上，您要多忍耐，常闭嘴，保持安静。即使孩子做错了，也让他自己纠正，他会更有主动学的劲头；过多地责备，他会感觉很糟糕。少一些指点和批评，孩子会觉得自己是受父母信任的，自己是有能力的。

4. 不要拿孩子跟别人比

爸爸妈妈为了让孩子更有学好的动力，常用中国父母的绝招——拿孩子跟学得好的孩子比较来激励他，这会让孩子很有压力。

比如对孩子说：“你看小强现在都会弹一首完整的曲子，你快赶不上他了。”“莉莉的毛笔字写得可整齐了，你怎么还写得歪歪扭扭？”久而久之，有的孩子会逃避学习；好胜心强的孩子会把注意力放在跟别人的竞争上，没有心思享受学习才艺的快乐，最终就会丧失对才艺本身的兴趣。

5. 让孩子从自己的努力中找到成就感

学习才艺是一个不断练习的过程，很考验孩子的坚持力。如果要让孩子坚持练习才艺，爸爸妈妈需要坚持及时地注意到孩子所付出的努力，不断地对他的努力做出反馈，帮助他从每一次小小的努力和付出中找到成就感。

例如，跟孩子一起，把他写的书法、画的画，挂在家里做装饰。不论作品的水平如何，只要孩子付出了努力就可以。当孩子学了新的字、新的画法，一定要及时更新墙上的旧作品。把旧的收集起来做成字集、画册，做成礼物送给亲朋好友。如果孩子学琴，可以把他弹的曲子录下来，在您做家务或者全家人一起聊天休息的时候，放出来做背景音乐。孩子会觉得他付出的努力是有成就的，而且给家人带来无限的欢乐。

三、家长应多为孩子创设学习其特长的氛围

比如：学习钢琴的孩子的家长应多让孩子参加一些演奏会，多听听、看看别人的演奏；学习画画的就多带孩子走出去看看祖国的大好河山，参观一下别人的画展；等等。总之，就是多为孩子提供机会多看、多欣赏、多参与！

参加兴趣班需考虑年龄：通常3岁以上的孩子，才建议参加兴趣班。因为3岁以上的孩子才会出现某种能力的定向，而3岁以下的孩子专注力不够，兴趣点广泛而不持久。

抓住兴趣敏感期：人的一生有许多能力发展的敏感期，只要抓住这些敏感期，给以相应的培养，学习效果会更好，可以达到终身效果。

1. 秩序敏感期（0~3岁）

孩子需要一个有秩序的环境来帮助他认识事物、熟悉环境。一旦他所熟悉的环境消失，就会令他无所适从。幼儿的秩序敏感力常表现在对顺序性、生活习惯、所有物的要求上，如果成人没能提供一个有序的环境，孩子便“没有一个基础以建立起对各种关系的知觉”。当孩子从环境里逐步建立起内在秩序时，智能也因而逐步建构。

2. 对细微事物感兴趣的敏感期（1.5~4岁）

忙碌的大人常会忽略周围环境中的微小事物，但是孩子却常能捕捉到个中的奥秘。因此，如果孩子对泥土里的小昆虫或衣服上的细小图案产生兴趣，正是培养孩子细心、认真的好时机。

3. 书写敏感期（3.5~4.5岁）、阅读敏感期（4.5~5.5岁）

孩子的书写能力与阅读能力虽然较迟，但如果孩子在语言、感官、肢体动作等敏感期内，得到了充分的学习，其书写、阅读能力就会自然产生。此时，父母可多选择读物，布置一个书香的居家环境，使孩子养成爱读书的好习惯。

4. 社会规范敏感期（2.5~6岁）

两岁半的孩子逐渐脱离以自我为中心，而对交朋友、群体活动有明显倾向。这时父母应与孩子建立明确的生活规范、日常礼仪，使其日后能遵守社会规范，拥有自律的生活。

每个家长都希望孩子有一技之长，想让孩子学有所成，可是孩子今天去学钢琴，学几个月没有兴趣就放弃，明天又去学画画，过一段时间又没有兴趣了……如此下去，家长浪费了很多的金钱，更是浪费了孩子学习知识的最佳敏感期，也许耽误了孩子一生中大脑为孩子打开的学习机会之门！

参考优势智能表现，以3~4岁的孩子为例：如果孩子对诗歌吟唱、图谱类有兴趣，唱歌不走调，喜欢乐器训练，容易受歌声感染，对乐器的爱好显示出更强的专注，对节律敏感，等等，这都表明孩子在音乐智能上有优势，所以可以给他选择相应的音乐教育类兴趣班。

如果孩子愿意背唐诗、歌谣，叙事有条理，喜欢听故事，会看图说故事，能记住班级里小朋友的名字，能说出10对基本的反义词，能写出50个常见汉字，喜欢诸如猜谜语之类的语言游戏，喜欢看图书等，都表明孩子在语言智能上有优势，可以选择口才班、表演班等。

如果孩子可以玩竞技类游戏如踢球，平常走路、跑跳不会摔倒，能玩一整套的动作：开水龙头→打肥皂→洗手→关掉水龙头→用毛巾擦手，具备基本的自理能力，肌体运动积极，自我保护意识强，容易适应环境等，表明孩子在运动智能上有优势，可以选择运动教育类的兴趣班。

其他智能也有类似的评测标准，父母可以根据这些评测标准来分析孩子的优势智能，从而有效地选择兴趣班。同时，父母要记住：参加兴趣班是扬长补短，让强势更强。如果孩子在某方面是弱势，父母就不要强迫孩子去相应的兴趣班，否则孩子容易因自卑而更加弱势。

教子箴言

兴趣是有限的，兴趣只能在适度的范围内才是快乐的，才会形成动力。孩子有了自己的目标才会感兴趣，有动力，要从小培养孩子积极的学习兴趣和良好的学习习惯，以便他们的潜能正常得以发挥。

才艺学习孩子感兴趣吗

“兴趣”是人的认识活动所需要的情绪表现，如表现在人们认识事物过程中的良好情趣上。一个人对某一事物有兴趣，表明他愿意更深入、更多地认识对他有意义的这个事物。学龄初期儿童兴趣活动的特征是，兴趣已在幼儿期就发生与发展，但多限于自己愿意做的事情上，而且，兴趣缺乏动机，并容易转移。

兴趣在人的学习、工作及一切活动中起着动力作用，是学习动机中最活跃、最现实的成分。人们常说：“兴趣是最好的老师。”儿童入学后，在学习活动中，并不是所有的课程都使他感兴趣。因此，使儿童对全部学习内容都感兴趣，并轻松自如地进行学习，就需要调动儿童的意志活动参与，使其运用意志活动努力迫使自己去学习不感兴趣的课程。

确实如此，孩子一旦有了学习兴趣，在学习过程中就能自觉地克服困难，集中注意，强化记忆，活跃思维，促进学习活动有效地开展。资料统计表明，那些诺贝尔奖获得者的成功因素之一，首先是他们对所研究的学科有浓厚的兴趣。家长在激发、培养孩子的学习兴趣上多下功夫，是使孩子学得愉快、学有所获的重要途径。

对儿童来说，兴趣还能为未来生活做准备。儿童时代所具有的兴趣爱好，有可能成为他们将来的职业，即使后来儿童不喜欢原来的兴趣爱好了，作为一种探索和尝试，他们也能从中得到宝贵的自我认知。这就是说，通过这种自由自在的活动，儿童能认识到什么是自己适合的、喜欢的、擅长的，什么是不适合的、不喜欢的或不擅长的，由此达到自我认知。

此外，儿童还可以通过自己所擅长的爱好，体验成功感，建立自信心。对那些在学校里不太成功的孩子来说，爱好更是一种心理上和情感上的补偿。总之，兴趣与爱好对儿童成才的作用是非常重要的。

现在的父母为了让孩子有一技之长，从小就开始让孩子学习各种“才艺”。应该说，“才艺”似乎是一个人能区别于一个“普通人”的标志。同样的情况下，具有“才艺”特长的人，容易成功，也容易被他人发现。因为，在具有“才艺”的人身上，你会发现许多优点：自信、有修养、热情、爱交往，在合适的场合下善于推荐自己，尤其是具有“才艺”的孩子确实让人感到非常可爱。

但是，现在的家长在培养儿童的艺术才能方面出现了一些误区。

“不要让孩子输在起跑线上”这句口号，被广泛误导成竞争越早越好，导致父母在培养孩子时产生了较强的功利心理。这完全背离了儿童的身心特点和教育规律。

一些家长不是从孩子的天然兴趣出发，来鼓励孩子从事某种活动，并从这种活动中获得生活的乐趣。相反，他们极大地忽略孩子的兴趣和自由选择，强迫或半强迫孩子在课余从事某种活动。这些活动，有的被认为是有利于未来竞争的，有的其实是家长的爱好而非孩子的爱好，有的是被家长武断地认为有利于孩子的智力发展的，还有的是对大多数人的一种盲从。

比如，有52.5%的独生子女学习或学过钢琴等乐器，但表示“非常喜欢”的比例只有11.5%，13.8%的独生子女明确表示不喜欢，16.3%的孩子表示“一般”，其余的孩子处于“比较喜欢”的状况。又如，67%的独生子女在课余时间学过或正在学习绘画，但表示“非常喜欢”的比例也只有19%，近22%的孩子表示“不喜欢”和“一般”。也就是说，几乎超过半数的独生子女对他们所从事的课余活动并不是“非常喜欢”。

那么，这种活动会给孩子带来什么结果呢？

第一，独生子女被动地从事某种活动，可能会增加他们的压力和精神负担，不仅如此，他们真正的兴趣、爱好以及宝贵的创造性可能就被压抑了。

第二，由于感到压力，他们可能会大大降低对生活的热情，生活对他们来说变得枯燥无味。

第三，他们可能会得到错误的自我认知。由于没有兴趣，在课余活动中的成功机会就较少，又没有机会从别的方面认识自己，在大多数情况下会影响他们自信心的建立。

第四，对于本来就有学习压力的孩子来说，从事自己并不喜欢的培养“爱好”的活动，不仅不能释放自己的紧张情绪，相反可能会增加压力。所以他们将得到来自学习和“爱好”活动的双重打击。

兴趣是孩子从事才艺的原动力，兴趣能对其所从事的活动起支持、推动和促进的作用。这种推动不是外部动力（如家长督促、教师鼓励等）在起作用，而主要是人自身对某种活动感兴趣，总忍不住想要积极地获得它、探究它，并能创造性地完成这种活动。兴趣具有积极的、肯定的情绪特征，因此兴趣可以激发孩子对生活的热情，丰富他们的生活，使他们更加热爱生活。

兴趣、爱好最根本的东西是儿童身上那种最天然、自发的部分。孩子的发展基础和志趣愿望都是不尽相同的，送孩子学习才艺得根据他们的潜能特点和兴趣爱好来选择。父母首先应该发现和了解孩子的喜好和特长，进而聆听孩子的心声，尊重他们的选择。

激发孩子天然的兴趣才能真正帮助孩子热爱生活，发展孩子的潜能。反之，如果不考虑儿童的兴趣，把家长的想法强加到他们身上，他们就会产生叛逆的心理，那么学习也就没有效果了。

所以，当家长想让孩子从事某种才艺活动时，一定要让孩子自由选择。有的家长说，如果让孩子自己选择，他就什么也不干了，所以得强迫。如果一个孩子真的什么也不选择，肯定有他自己的理由，比如，学习功课已经很累了，加上这种课余学习，他会感到太大的压力，那么他的“不选择”可能就是对的。“兴趣”“爱好”本身的性质就决定了它是一种个人的自发选择（心理学叫作“指向性”），而不是他人外加及强加的。

既然兴趣因人而异，那么，父母就应该接受这样的事实：孩子的兴趣和家长的兴趣完全是两回事，两者之间完全是独立的。即使孩子的兴趣显得简单、幼稚，也不能因此而无视它的存在。

成人需要做的是，主动积极地接受孩子的兴趣，尊重孩子自己的兴趣，而不是把你们的兴趣强加在孩子身上，还可以积极地创造一定的条件和空间，鼓励孩子发展自己的兴趣。

实际上，尊重孩子的兴趣就是让孩子拥有快乐，就是家长给孩子的最好礼物。发展孩子的兴趣就是给孩子提供了成长的沃土。

还有一点不容忽视的是，应当保证孩子休闲娱乐的权利。快乐、幸福、自由是童年的真谛，许多奇思妙想的萌芽都来自宝贵的不可替代与重复的童年时光。因此，不要用成人的选择挤满孩子的每一天，而要给孩子的自由发展留出广阔的空间。

最后，由衷希望那些对送孩子学习才艺依然趋之若鹜的父母们能够醒悟：儿童教育最重要的使命是发现儿童的优点和解放儿童，称职的父母要做童年的捍卫者。

教子箴言

为孩子选择才艺，除了要尊重孩子的兴趣外，也需要按照孩子固有的个性来发展。让孩子按自己的个性发展，不仅孩子多了一份乐趣，还能让父母省心，更重要的是，这样孩子还能做出一些成绩来。

如何培养孩子的艺术兴趣

谁不希望自己的孩子多才多艺呢？现实一点讲，孩子如果有一两项特长才艺，在高考时文化课分数要低一些，录取几率也要大一些。那么，如何挖掘孩子的特长呢？如何避免艺术教育的一些误区呢？

很多家长都认为，让孩子学习歌唱、舞蹈、绘画、乐器等技能就是学习艺术，这几个方向的兴趣班因此也在幼儿园以及商业街上遍地开花。虽然上兴趣班是一个培养艺术的便捷的方法，但是父母在决定执行培养艺术孩子的计划之前，要先把以下问题弄清楚。

一、你信任自己的孩子吗？

进行艺术培养，父母首先要善于理解自己的孩子，从孩子的角度出发，看看他们的世界。相信孩子具有与众不同的能力，从不表现出对孩子的怀疑，就是父母挖掘孩子艺术潜力的最关键的一点。其实，每个孩子都是独一无二的，就看父母以什么样的心态去对待孩子。不同的心态，会有不同的结果。

二、孩子的兴趣是什么？

孩子的特点就是三分钟热度，因此不要把他的贪新厌旧视为兴趣。一开始可以让孩子多接触不同的玩具乐器，多带他观看小朋友演出，多听歌，多参加手工劳动，多玩，不要着急报名上兴趣班。在玩的过程中，如果发现孩子长期对某些事物表现出兴趣，就可以创造机会让他多接触这个事物，等确定他确实有兴趣后，再进行定向培养。

三、艺术培养究竟要学什么？

许多父母往往追求孩子艺术成果的体现，如会弹几首曲子、会画几幅画等；有的甚至过早追求过级考证，盲目地把成人社会所追求的物质结果当作学习艺术的目的。然而，这样的做法唯一的结果就是让兴趣为现实所扼杀，让天才变成庸才。

四、孩子实在不感兴趣怎么办?

有相当一部分孩子对上兴趣班学习音乐、美术、舞蹈等都只有三分钟热度，很快就失去兴趣，学习上也没有太大的进步。如果家长已经很清楚孩子“确实不是这块料”，那么放弃对他的所有要求，让他随心所欲涂鸦、吼叫、活蹦乱跳也是一种无可厚非的选择。几乎所有的孩子都需要唱歌、跳舞和画画，他们只是不希望有人限制他们如何玩。

五、如何培养孩子的艺术感?

1. 留下最棒的

与其让你的孩子保留他创作的每一件作品，不如与他好好谈谈，建立一个基本的保留作品的规则，让他每隔一段时间选择 1 ~2 件他最喜欢的作品保留下来。到了年底，他所保留的“最佳”作品不会超过 5 件。

2. 拍照留念

整理和收藏一件件作品是一件烦琐的事情，与其让它们占用你太多的空间，倒不如拍下它们，并且把这些照片统一收藏在剪贴簿中，给每张照片加些注解和记录。这样，即使有些作品由于空间的因素丢失或被抛弃，你也仍将拥有另一份美好的回忆!

3. 儿童文件存贮盒

办公室提供存贮的设备中往往有一个放文件的架子，你可以很方便地将文件夹存放其中，便于拿取文件。你也可以帮助你的孩子建立一个他自己的存储系统。可以在一个文件夹存放 2 岁的作品，另一个存放 3 岁的，等等。现在，所有的作品都将被很好、有序地保存，你的孩子甚至还能学到整理的技巧。

4. 归于一处

对于那些不是画在地上、墙上的作品，最好的容器就是一个很大的、有盖子的塑料容器。同样，这当然也要经过选择——如果你要保留未来15年内孩子带回家的每一件作品，那么你的房子将泛滥成灾。

5. 好作品，挂起来

为孩子的作品专门准备一块告示板，这样他就可以在自己的卧室里展示心爱的作品了。

6. 整齐有序的“工具箱”

如果你的孩子在家里做了很多的艺术作品，那么他可能拥有许多蜡笔、记号笔或其他的艺术创作材料，而这些工具就需要一个统一存放的地方。将它们都放在一个便携的盒子里，盒子要轻巧，可以使孩子随心所欲地把它从一个房间带到另一个房间。

除此之外，在把这些材料放入盒子之前，最好将它们归归类，并整理到不同的有拉链封口的袋子中。这不仅使得每件工具都整齐有序，更重要的是让它们在被需要的时候可以很容易找到。

有没有发现，其实孩子的艺术作品是给亲朋好友的最好礼物。与其为了你的孩子给你的家庭成员买礼物，不如鼓励他们把自己的作品作为一份特别的礼物送给那些特别的人，这对他来说将是最棒的认可和鼓励。

教子箴言

艺术可以深刻影响每一个孩子，但这种影响并非一朝一夕就能看到。让孩子亲身感受艺术的魅力，在艺术的摇篮里成长，既是一种生活态度，更是一种成长的途径。它就像种子，经过不断熏陶、浸润、内化，直到温度适宜、条件成熟，就能绽放出美丽的花朵。

才艺学习得尊重孩子的天性

每一个做家长的都希望自己的孩子拥有十八般武艺，将来可以在这个竞争激烈的社会上立足。因此，很多家长非常热衷于为孩子报名参加各种兴趣班，孩子的课余时间也大多在各种特长班之间奔走。

例如，来自某幼儿园的统计数据表明，有2/3的幼儿都参加了3项以上的兴趣班，几乎没有幼儿不参加兴趣班的。殊不知，这种不符合孩子身心特点的教育给孩子带来了沉重的压力。

家长急于让孩子多学东西，可是在自己孩子身上也未表现出某方面的特长。为此，家长只得将各种兴趣班都让孩子逐一报名参加，以此来等待孩子在某一方面出现闪光点。

可是，家长朋友们却忽视了一个问题，才艺学习需要尊重孩子的天性和兴趣，不能想当然地把自己的意愿强加在孩子身上。有的家长一发现自己的孩子语音不标准，急忙转到语训班学习；绘画跟不上别人了，赶紧要孩子到绘画班……这样一来，不仅增添了孩子的负担，甚至会让孩子产生厌学的恶性循环的后果。

小伟今年9岁了，妈妈一心想让小伟学跆拳道。小伟妈妈有这个想法已经很久了，她一想到小伟身着跆拳道服酷酷的样子，就特别开心。小伟的妈妈觉得，小男生练跆拳道，既能健体强身，又能为将来做护花使者打下好基础，况且小伟平时也挺好动的，如此何乐而不为呢？

然而，当小伟的妈妈把自己的想法告诉小伟的时候，小伟却说："什么是跆拳道？”妈妈马上来了精神，解释道：“就是小朋友一起舒展手脚的搏击术。”“那什么叫搏击？”妈妈想了想，说：“简单说就是两个人一起对抗……”

还没等妈妈说完，小伟就一脸茫然地说：“那不就是打架吗？我可不学。”说完后，不容妈妈解释就扭头自顾自地玩去了。

小伟的妈妈还不死心，非要拉着小伟去上试听课。试听课结束后，妈妈迫不及待地想给小伟报名，谁知小伟气呼呼地说：“我就是不喜欢，你喜欢你去学吧！”

小伟的妈妈见此情况，深知“强拧的瓜不甜”，不学就不学吧。

后来，小伟的妈妈问他到底喜欢什么，小伟歪着头想了想说：“我喜欢画画。”小伟的妈妈就按照小伟的意思给他报了画画班。先前小伟连字都不想写，然而自从上了画画课后经常要求去书房内画画了，字也写好了，而且每次上课回来后都很愿意和妈妈说兴趣班的事，还会主动告诉妈妈今天他画的是什么。

报兴趣班的目的是想通过老师的教学或者学伴的影响，来激发孩子在这个方面的潜能。如果孩子对此没有兴趣，家长却仍要按照自己的想法强行要求孩子必须去学的话，那就失去了兴趣班的真正作用了。

就像上文中小伟的妈妈一样，一心想让小伟学跆拳道，结果小伟喜欢的却是画画，如果妈妈一直坚持自己的意见的话，小伟有可能会学得很痛苦。因而作为家长，还是不要把大人的喜好去强加给孩子，毕竟培养的是孩子的兴趣而非大人的兴趣。选择学习的兴趣班一定是要孩子喜欢的、孩子感兴趣的。

正如一个不热爱弹钢琴的人，你没有必要强迫他。这个逼迫，就像听人说李云迪的故事：别人问他，你的小孩子以后怎么样。他就说以后我的小孩子我永远都不让他学钢琴，因为他觉得从小就被逼着练钢琴，他虽然练得技巧很纯熟，但在他的心灵里留下的是噩梦般的记忆。这种功利的强加伤害了孩子的心灵，剥夺了孩子童年的幸福，而且让他成年之后永远失去了对某一方面的求知欲和热情，这个是最要命的。

李云迪，在大多数人眼里他是成功的，毕竟他成名了，拥有很高的地位。但是这里有几个问题，第一，人能够获得外在的名利重要，还是孩子内心的感受重要。比如他说永远不让自己的孩子练钢琴了，这说明他成长的青少年时代内心是噩梦般的感觉，是非常不快乐的，这种阴影到了他成年还在。因为即使获得了很多名利也不代表着他能够幸福而他的内心感觉到幸福才是最关键的；第二，如果让他自由地发展他的兴趣，他未必不能有今天的成功，甚至可能比今天更成功。所以这两者并不是相互排斥的关系。

学习才艺更要尊重孩子的天性，比如奥数，并不是说不可以学，但是真正对奥数有兴趣的也许一百个孩子里面只有一个或几个，这是有可能的。因为在人类的智能有一种科学的划分。就像不是所有人都喜欢文学或足球一样，也不可能所有人都喜欢数学或者物理。喜欢数学的是有一定比例的，孩子奥数又是数学中比较偏、比较难的，甚至有的也用不到以后的实际生活中，以后对孩子也不见得就有意义，它就变成了一个纯粹的兴趣。

纯粹的兴趣没有问题，但是呢，我们一定要知道，在某一个领域里有极高兴趣的人永远是少数，在任何一个领域里有极高天赋的人永远也只有少数。像奥数这样的难度必须要有极高数学天赋的人才能学。有的小学生家长也会让孩子去学奥数，他为什么去这样做呢？他们觉得如果不这样做，他的孩子在跟别的孩子竞争中就会落后，他必须在所有的方面都跟别人比。当然不是说人与人之间不能有竞争，有时候竞争是难免的，但竞争是个次要动力，不是主要目的。竞争固然有利于人的提升，但家长不能设定一个统一的标准来让孩子与别人竞争。

如果认为一个人按照自己的心理和天性发展就注定不能获得成功，这是一个误解，也低估了孩子。当一个事物抓住孩子内心的时候，孩子来自内在生命热情的力量是惊人的。

总之，兴趣可使孩子的智能得到最大限度、最持久的发挥。最后是否决定让孩子学才艺，学一种或几种才艺，能让孩子觉得快乐幸福才是我们最终的目的。

教子箴言

父母要尊重每个孩子的个人兴趣。要务必记住，孩子的兴趣之苗一旦破土而出，就一定要精心呵护，而不要让其因“杂草”淹没而枯萎，更不要随意破坏，因为“兴趣是最好的老师”。

如何面对孩子的“三分钟热度”

每年新学期开始或者寒暑假来临时，都是各类兴趣班最忙的时候，因为他们将开始新一轮的招生工作了。4 岁的娇娇上幼儿园中班，她看到班里有小朋友在学习钢琴，自己也非常好奇，回家后就缠着妈妈给她买钢琴，让妈妈找钢琴老师，说自己也要学钢琴。妈妈对娇娇的行为很赞同和支持，非常痛快地答应了孩子，利用周六日的时间给孩子购置了钢琴，并给娇娇找了钢琴老师。

刚开始学时，娇娇每天回家了都要按照老师的要求“叮叮咚咚”地弹奏一会儿。妈妈看着娇娇那兴致勃勃学琴的样子，心里也有说不出的高兴并暗下决心一定要好好培养孩子。

可是好景不长，娇娇对练琴的热情慢慢地退了下来。每天妈妈不催，她就不去练琴，如果妈妈催得急了，她还会不高兴。随着曲目难度的增加，娇娇越来越不愿意练琴了。妈妈为了让娇娇坚持下来，每天和娇娇做“斗争”，弄得大人和孩子都很辛苦。

后来，妈妈觉得如果孩子实在不想学就让孩子放弃算了，但是也担心孩子会因此养成了做事情轻易放弃的坏习惯。不管怎样，最终娇娇还是放弃了钢琴学习。妈妈对此事的看法是，孩子实在不愿意学，也不能逼着孩子学吧。

大部分的孩子由于其年龄和心智发展的局限，兴趣和爱好常常变换，对什么都是“三分钟热度”，难以坚持到底。比如，家长给孩子报了美术班，孩子新奇万分地去了，没过几天就厌倦了重复练习而没兴趣了；转而报钢琴班，孩子满怀激情地去了，可不久以后又产生了倦怠情绪，直嚷着要学网球……如此折腾，家长白白搭进不少学费，孩子什么也没学到。

4 岁的男孩宁宁上幼儿园，从第一天入园就没有哭闹，因为他一见到那架发亮的钢琴就要爬上去。几天之后，才能讲清楚话的宁宁开始向妈妈要钢琴。几个月后宁宁妈给他买了 4000 块钱的雅马哈电子琴，可以发出和钢琴一样的音色。密密麻麻的彩色按钮开始时让宁宁新奇了一阵，但没过多久，他就把电子琴扔在一边，继续闹着要钢琴。

“这是不是明显的兴趣倾向？”宁宁妈很犹豫，“孩子还太小，而且学琴太苦了；但如果他真有天赋呢？怎么办啊！”又坚持了几个月，最后以家庭会议方式决定：出资 35000 元买一架钢琴。而宁宁爸到最后也保持反对意见，并以不出钱作为抗议，宁宁妈只好动员外婆一起买了钢琴。

既然买了钢琴，就不能只拿来按着玩。宁宁妈请了口碑很好的幼儿钢琴教师，开始对宁宁进行系统培训。最初几个月，宁宁很快就能弹简单的曲子，玩的时候也常常嘟嘟囔囔地哼着曲子，宁宁妈很为自己的决定感到欣慰。

但好景不长，一年以后，钢琴已经落满了灰尘。“他现在更喜欢变形金刚和孙悟空，《西游记》的全套 DVD 各种版本都要买，反反复复看了好几遍也不厌。”宁宁妈无奈地说。

这就是新问题的根源所在。钢琴老师说，幼儿有很强的好奇心和探索的欲望，当看到键盘乐器叮叮当当时，内心便充满了神奇和乐趣，表现为随心所欲地敲打、沉浸在乐器所发出的声音中，但这并不一定就代表着孩子在乐器方面有较强的天赋和真正的兴趣。

每个父母都希望孩子长大后有一些才艺，可多数的孩子对兴趣通常只有三分钟热度，常常随意放弃。对家长来说，学不好才艺事小，担心的是，孩子长大后做事没有毅力和韧性。当孩子轻言放弃时，家长先别急于责骂。不妨站在孩子的角度想一想：孩子放弃的背后究竟有哪些隐情？找到了孩子心理的症结，问题也就迎刃而解了。“三分钟热度”产生的原因有以下几个方面：

1. 孩子让热乎乎的开场给骗了。孩子会出现三分钟热度，通常是被热闹的活动开场白吸引了，如：音乐演奏会、舞蹈表演或语言教学方面的热闹活动等。一旦热闹场面没了，他们会觉得货不对板，因此热度变零。所以，家长要帮孩子正确认识事物的本质。孩子因为单纯，认识事物容易表面化，而不能意识到实质上的困难，所以想要坚持下来非常不容易。家长应该帮助孩子认识事物的本质，让他知道“冰冻三尺，非一日之寒”的道理，这时候确立目标，孩子就容易持之以恒了。

2. 孩子的兴趣没有家长强。对待学习某种特长，家长的兴趣比孩子强，或家长希望孩子学习的欲望比孩子自己想学习的欲望还强。家长得通过拖拉哄骗来引诱孩子，结果是事倍功半，或者以半途而废收场。家长要给孩子一些发言权，在决定学习什么和怎么学习的问题上，多征求一下孩子的意见，不要将家长的兴趣和愿望强加于孩子身上。而孩子因为有发言权而心情舒畅，接下来的活动自然能在愉悦的氛围中进行。

3. 活动的难度与能力不符。在为孩子选择活动时，一般家长喜欢选择难度高的活动，希望因此来激励孩子、激发孩子的潜能或先给他们一个磨难。许多研究发现，学习最好的时候，是学习者自己发现需要他解决的问题难度，正好符合他当时的能力。因此做起来得心应手，非常有成就感。自然学习欲望就会越来越高，然后我们就可以看到一个天天嘻嘻哈哈想学习的孩子，吵着要学习的孩子，而不是拉长了脸像拖老牛一样学习的孩子。

目标不能定得过高。年龄小的孩子，兴趣更集中在“好不好玩”、能不能引起自己的兴奋点上。儿童教育专家曾经有过这样形象的比喻：假定要求孩子到果园里摘取树枝上高不可及的苹果，孩子会望树兴叹，失去自信，放弃摘苹果的欲望。因此，父母不妨将目标定得低一点，符合实际情况。

4. 孩子的个人潜能和个性使然。从多元智能发现，每个孩子的潜能不一样，有的孩子因为运动智能比较明显，因此对通过运动或动作比较多的活动，会较容易吸收与接受。他们的学习行为也会趋向于敏捷、活泼、好动一类。如果孩子的内省智能较强，他们的行为可能就与上述的运动型孩子不同，他们的学习行为比较内敛安静。可是两者的意志力同样坚强，持久力也一样，只是表现形式与获得知识技能的方法不同。

因此家长如果没有发现孩子的潜能，不能根据他们的行为倾向为他们选择活动，那就很容易出现三分钟热度，原因很简单，不是他们不愿意，而是整个学习过程对他们是一种“折磨”，是不愉快、不舒畅的。所以，在日常生活中，家长要注意观察孩子的活动，了解孩子的个性。不妨多尝试几种活动，发现孩子的潜在能力。根据孩子的个性和潜能，引导他的兴趣走向，孩子在学习过程中会愉快地接受。

5. 活动的开展方式没有尊重孩子发展的自然法则。活动的设计或开展的方式，不符合或不能满足孩子的发展法则与学习倾向，更容易让孩子产生“三分钟热度”。所有的孩子，都是根据发展的自然法则来开展他们的心智与能力的。每一个孩子都会有自发性的学习行为、探索的冲动与研究的能力，发现并努力练习所掌握的各种能力。

所以，不要破坏孩子的自然发展法则。对幼小的孩子来讲，没有不可能做到的事，而是要不要去做的问题，只要孩子决定要探索，要研究，要理解，要掌握，他们会通过一切努力去练习，去获得。这种人类的本能建构能力，是不容忽视的。如果成人能在孩子自发性的自我学习过程中，细心地观察他们，发现他们对哪些事物感兴趣，发现他们是通过怎样的方法去获得、去发现，那么家长就可以更了解他们，更容易引导他们的兴趣。

兴趣多变的孩子大多争强好胜，带有一定的从众和攀比心理，往往会将小伙伴在某些方面取得的成绩或掌握的才艺作为自己的“兴趣”。根据这种心理萌发的兴趣通常缺乏牢固的基础，在学习技能或反复练习时一旦遇到困难，就成了学艺路上的障碍。此外，孩子不能正确评价自己，这山望着那山高，也是导致其兴趣学习只保持“三分钟热度”的原因之一。由于年龄尚幼，孩子的兴趣往往只建立在“喜欢”的基础上，不会结合个人能力和性格来考虑自己是否适合学习。这种缺乏实际考量的后果必然导致大部分的孩子学艺时受挫，兴趣消减。

找到了问题的症结，就有了解决问题的方法。“三分钟热度”的孩子并不是就无法进行兴趣班学习，如果家长能正确引导，再加上心理调整，孩子就会用心专一，对事情真正感兴趣，有目的、有秩序地把想要学的东西学扎实。

首先，要引导孩子去除浮躁，建立自信。心浮气躁是孩子不能把兴趣坚持到底的关键，家长应该经常教育孩子：在学艺的道路上，冷静与热情并存才是坚持到底的关键。热情是始终坚持对艺术技能本身的热爱，而冷静则主要指心态健康，不骄不躁。在具体操作中，家长可以鼓励孩子去学习自己喜欢的技艺，但在每个学习阶段，都要给孩子制定学习目标。目标不要太高，以孩子有能力做到为准，一旦孩子做到了，要对他的努力加以肯定，使其建立起自信。这样一步一个脚印，不急于求成，让孩子稳步上进，孩子就会对自己做的事情兴趣专一起来。

其次，要引导孩子正确评价自己，做力所能及的事情。作为家长，首先要对自己的孩子有个正确的评价，引导孩子做自己能力范围内的事情。在具体操作上，家长要针对孩子的能力和水平，给孩子拟定几个力所能及的技能学习范围，不张扬、不攀比，静下心来做自己喜欢做的事情。这样，孩子就解除了思想包袱，学习就会更加专一、安心。

解决孩子对兴趣学习“三分钟热度”的问题，是孩子成功的关键，家长切不可轻视，要针对孩子的年龄性格特点，采取不同的方法进行教育引导，让孩子养成持之以恒的习惯。兴趣专一，做事认真，将来必然会在学艺道路上有所成就。

孩子的天资是选择兴趣学习的基础之一，学习什么，家长不妨多听听孩子的意见，正确引导。另外，可以多请教专家，借他们的慧眼发现孩子的“长项”，少走弯路。要想从根本上杜绝孩子的“三分钟热度”现象，就要遵循孩子发展的自然法则：

1．每个幼儿都会有自发性学习的冲动，并把这种冲动提升为独立能力。

2．独立能力显示在照顾自己、照顾环境、照顾别人、自己做判断、自己做决定、自己解决困难上。

3．有了独立的能力，孩子就自然出现专注力。有了专注力，意志力就自然产生。

4. 意志力出现后，孩子的智力提升了，能力加强了，概念清楚了，关系搞懂了，语言能力加强了，逻辑思维和秩序感都显现了。

5. 智力产生后，创造力自然产生。

6. 创造力产生后，孩子的情绪就会稳定，社交能力就出现了。他们开始注意周边的人和事物，开始关心他们的状况，甚至主动帮助别人。

7. 关怀与扶持是高层次的社交能力，心中有爱，手中有力。这是每一个孩子都可以具备的美德与情操。

如果成人可以根据发展的自然法则来带领孩子，孩子会自然生成这种能力。“三分钟热度”的现象，就根本不会出现了。

教子箴言

做事持之以恒的精神和态度，是成功的关键，作为家长切不可轻视，要针对孩子的年龄性格特点，采取不同的方法进行教育引导，让孩子养成持之以恒的习惯。兴趣专一，做事认真，将来必然会在学艺道路上有所成就。

善于对孩子的兴趣因势利导

每个孩子的喜好不同，所关心的重点也不一样。有些孩子对恐龙的种类倒背如流，有些孩子对鱼类的生态特性如数家珍。孩子的兴趣除了受天生的气质影响外，还与个人过去经验、周围的人的影响有很大关系。

但是，不管孩子的兴趣在哪一方面，父母和老师都要善于利用孩子这种对事物的执着度，引导孩子做更深入的研究，进而帮助孩子将这种学习精神扩展到其他事物层面，终至养成良好的学习态度。

举例来说，如果孩子对海中生物充满兴趣，则可以借些鱼类杂志或百科全书，引导孩子认识鱼类的生态。此外，也可以和孩子讨论："鱼在水中为什么不会窒息？""它是怎么呼吸的？""人又是如何呼吸的？"当孩子较大时，则可以和他讨论更深入的问题："所有水中的生物都是用鳃呼吸的吗？""鲸鱼是哺乳动物，它也是用鳃呼吸吗？"切记！不要直接给孩子答案，请让他自己去找答案，我们只要扮演从旁协助的角色即可。当孩子自己摸索出一套解惑的方法时，以后当他遇到类似的问题，就不会显得彷徨无助，不知从何下手了。

此时，我们该如何吸引孩子的注意力呢？首先，我们可以利用录像带或百科全书上较特别的影像图案来吸引孩子的注意，并在很自然的场合下开始，相信一定可以吸引孩子好奇的眼光。当然如果是孩子自己拿起有关资料来阅读，我们更应予以鼓励并主动参与讨论。如此，孩子应会慢慢产生兴趣的。

如何培养孩子的兴趣爱好？杨女士认为，在日常生活中，家长要学会观察孩子，发现孩子的兴趣并及时帮他们增加“兴趣深度”，要善于发现孩子的兴趣所在并因势利导，逐渐将其转化为孩子的爱好和特长。

杨女士的儿子楠楠今年9岁，读小学三年级，他在学校里是小有名气的“书法家”。楠楠5岁的时候，特别喜欢在家里的墙上和地板上写字。杨女士发现后，为了正确引导孩子的兴趣，没少花费心思。杨女士认为，言传身教很重要。于是，她一有空就会当着孩子的面，在纸上工工整整地写字，慢慢引导孩子不在墙上涂鸦。

孩子有了兴趣后，杨女士还会告诉他文字的演变过程、一些文字背后的故事等，让他从模仿家长变为主动学习。为了巩固孩子的兴趣，杨女士还采取了激将法——楠楠上了兴趣班后，她送给孩子一支毛笔，然后郑重地和楠楠击掌约定：“男子汉说话算数，既然选择了书法，再苦再难都要坚持下去。”楠楠偶尔贪玩偷懒时，杨女士就会提起“男子汉”的约定，很是奏效。

随着电脑的普及和无纸化时代的到来，练习书法还有用吗？兴趣爱好会不会耽误学习？“人们常说的‘字如其人’，其实就是通过一个人的字来品评他的素质涵养。”杨女士说，练习书法除了实用价值外，还可以培养孩子高雅的审美情趣，提高孩子的文化品位。练习书法的过程中，孩子的观察力、注意力、意志力都会得到提高，在生活、学习中养成耐心细致的习惯。

楠楠练习书法后，在反复摹写的过程中，对字形、字义的认知不断加深，这也让他的形象思维能力比同龄的孩子强。如今，楠楠的学习成绩一直在全年级名列前茅。杨女士说，楠楠的书法现在练得有模有样了，有一年的春节还给家里和邻居写了多副春联，孩子特有成就感，练书法也更努力了。另外，练习书法还让楠楠养成了正确的坐姿和执笔姿势，近视眼、驼背等问题都没有出现在他身上。

互动学习，共享乐趣，每到周末，杨女士就会和楠楠一起进行书法知识竞赛，内容包括辨认字体、猜名家故事、辨别书写姿势和执笔方法等。特别是抢答环节，每次两个人都会因为争着回答问题而笑得前仰后合。

杨女士说，培养孩子的兴趣，家长还要学会和孩子平等互动。在互动过程中，家长激励式的语言会点燃孩子思维的火花，无拘无束的交流环境也会让家长和孩子共享快乐。

著名画家达·芬奇的父亲彼特罗是一位令人称道的好父亲，他培养孩子的信条就是：给孩子最大的自由，让孩子发展自己的兴趣。

6 岁那年，达·芬奇上学了，在学校里学了很多知识，但对绘画最感兴趣。一天，他上课不专心听讲，还给老师画了一幅速写。回家后，达·芬奇把速写给父亲看，父亲不仅没有生气，反而夸奖他画得很好，决定培养他在这方面的才华。

正是因为父亲如此开明，达·芬奇全身心投入到自己喜爱的绘画中，甚至敢专门画画恐吓老爸。一次，他花了一个月时间，在盾牌上画了一个两眼冒火、鼻孔生烟，看起来十分可怕的女妖头。为了把父亲吓一跳，他还关紧窗户，只让一缕光线照到女妖头的脸上。后来，父亲一进家就被盾牌上的画吓坏了，可是等达·芬奇哈哈大笑地解释完，他竟也没有责备儿子。

16 岁那年，父亲把达·芬奇带到画家维罗奇奥那里学画画。在维罗奇奥的指导下，达·芬奇刻苦学习，掌握了很多绘画技巧，终于成为一代大画家。

从这个故事以及很多事例中，我们看到，成年后有所成就的人，往往童年对某一事物有执着的兴趣，甚至达到痴迷的程度。

可是什么是兴趣呢？像一些做父母的就不把孩子对昆虫的爱好看成是一种正当兴趣。更有许多爱玩泥的、爱某个卡通人物的，父母们往往并不觉得这就是孩子的兴趣所在，却总要把孩子朝自己希望的方向培养，而这希望，往往很狭窄，文艺啦，学习啦，直接或间接地都与“前途”有关。

在这一点上国外父母显得宽松得多。各种古怪爱好都能找到相关书籍、音像制品与同道，许多卡通人物都有自己的“小追星族”俱乐部，玩具店也常常根据孩子兴趣而设专柜摆放玩具。培养兴趣当然比全然不顾孩子的兴趣好，但仍然有点以成人为中心。发现孩子的兴趣，因势利导，才能更好地完成对孩子的教育，而不仅仅是技能培养。

发现孩子的兴趣，首先要接受孩子，尊重孩子，观察孩子。在孩子兴趣的基础上，帮助孩子开阔视野，增加“游戏深度”，便能对孩子的兴趣加以引导。

另外，现代父母自身也应有健康的兴趣爱好，用以提高生活的情趣和质量，如集邮、养花、养鱼、下棋、欣赏世界名曲、写字作画、打球等，从而引导孩子参加健康的文化体育活动，培养孩子的兴趣爱好，塑造孩子美的心灵。

孩子的兴趣爱好，来源于好奇心和求知欲，不能强制，而应因势利导，促进发展。有条件的家庭，可根据孩子的兴趣倾向，陪送孩子参加艺术或体育专项训练班，使孩子学有所长。孩子喜欢参加的活动，就鼓励他坚持下去，从中还可培养孩子的韧劲和耐力，但是千万不要逼孩子参加他不感兴趣的活动，这样才能保证孩子的个性得到充分发展。

对于孩子有兴趣的事物，我们可以因势利导，但是对于孩子没有兴趣的主题呢？其实孩子和父母一样，容易对自己感兴趣的主题全力以赴，对没兴趣的主题却丝毫不予理会。

丽丽的记忆力非常好，但有点内向，不太敢和陌生人交谈，语言表达不是太好。丽丽的妈妈选了家国际化的情景英语培训班，学费贵，有外教，对话式互动教学，让丽丽进行英语学习。但是学习效果却出乎妈妈意料之外。因为丽丽不太敢交流，结果对话部分老是“掉链子”，丽丽越紧张，越不敢表达，越说不好越紧张，结果自信心受到严重打击，怎么也不肯再去了。

孩子记忆力好，当然是可以多学点知识了，妈妈早早送孩子去学英语，这个选择也没有错。记忆能力好，这是孩子的优势。但孩子内向不善表达，这是弱点。要培养好孩子的外语，记忆力好的长处并没能补回不善表达的短处。所以家长应“取长补短”，善于发现孩子的兴趣并能够及时地因势利导，才能增加孩子的“兴趣深度”。

教子箴言

每个人都像一块银币，拥有了优点同时也存在缺点。孩子也不例外，大人也应该保持一颗包容的心去接受孩子的缺点，不要因为孩子的缺点而去过度指责他，让孩子学会正视自己的缺点，并且懂得用良好的心态欣赏他人。

第三章

让孩子学会审美

孩子不缺乏发现美的眼睛，因此，听一首乐曲，接触一个美的行为，一方面体验着审美的愉快感，培养了感受美的能力；一方面和自己的想象、情感和理解十分和谐地融合，成为一种审美享受，同时培养鉴赏美的能力。要让孩子身处美的环境中，感受大自然缤纷的色彩、曼妙的形态，这不仅是欣赏美，也是一种情操的陶冶。用知识启发孩子发现美、欣赏美，让孩子能够感受美，追求更为丰富、高雅的审美对象和产生更为高层次的审美要求。

培养孩子的审美意识

幼儿的思维主要通过具体形象来认识事物并进行联系。要想培养孩子认识自然美的能力，必须从他们的这种思维特征出发，从一草一木、一山一水开始，由表及里、由浅入深，引导孩子发现自然中的美。

1．创设美的环境，引导孩子感受美

环境是孩子生活和接受教育的重要场所，为他们创设美的生活环境，让孩子经常感受环境中的美，可以通过熏陶和感染，唤起他们对美好的事物的情感和兴趣。清洁整齐是美的标志，同时需要有鲜明的色彩和活泼的形式。

幼儿园的环境应该是整洁化、绿化、艺术化、儿童化，成为花园式的儿童乐园。环境中的设备及用品力求实用、美观、整洁、有序，这有助于孩子养成对环境美的正确评判。对于大、中班的幼儿，还要注意让他们积极参加到创造美的活动中，组织他们去参与环境美化的工作。

美育的特点是以声音、颜色、线条、动作、表情等生动具体的形象来感染受教育者，使他们在潜移默化中受到陶冶，接受教育。根据孩子情绪性强、以具体形象思维为主的心理特点，唱歌、跳舞、画画、听音乐、讲故事等形式容易引起孩子的兴趣，对孩子有很大的吸引力，也容易被孩子接受。

因此，幼儿园里可以选择一些优秀的儿歌、舞蹈等让孩子学习，并通过学习和欣赏帮孩子认识到其中蕴含的道理。比如儿歌《小花狗赶集》，朗朗上口的韵律可以让孩子受到声律美的熏陶；小花狗赶集看到的情景是一幅优美的民俗画；它自己吃饱喝足之后不忘给爹娘带馒头回家正好反映了孝心，属于很自然的伦理教育。

幼儿美育要想把审美和德育完美地结合起来，培养审美欣赏能力必不可少。把一个心灵如一张白纸的孩子培养成一个具备良好的艺术鉴赏力和相应艺术气质的人不是一朝一夕就能够达到目的的，它既要求受教育者对美的事物和艺术品进行大量的感性接触，又要求施教者具有丰富的学识和经验，以及对各个历史时期的时代精神和文化结构有着深刻的理解，对经典的艺术流派和艺术技巧有相当深的了解和把握。

此外，还必须善于从感官接触到的美的事物中提炼出深层次的美，并能够以符合孩子心理特点的方式传授给他们。因此，如果想把孩子培养成为一个具有良好的艺术修养的人，教师首先要做到懂得美、理解美并善于做传递美的使者。

要让孩子发现自然界外部的特征美。比如颜色美，自然界中可谓五彩斑斓，红色的玫瑰、黄色的菊花、粉色的杜鹃、白色的水仙，争奇斗艳。不同的动物也有自身独特的色彩，比如熊猫的黑白分明、金龟子的金光闪闪、小兔子的洁白可爱、孔雀开屏的灿烂夺目等。节假日，带孩子到公园或郊外，以自然界的天然色彩为教材，给孩子详细讲解颜色的种类特点，它们之间的相互关系，各种颜色构成的自然图景能给孩子以美的享受，从而提升孩子感受自然美的能力。

通过大量的欣赏活动，扩大欣赏面，感受发现色彩的魅力，培养幼儿审美鉴赏能力。鉴赏能力是以感性认识为基础的，组织幼儿欣赏大自然的美、社会生活的美以及各种艺术的美，寻找色彩、感受色彩。幼儿置身于大自然中，青山绿水、旭日斜阳、蓝天白云、碧海拍浪、奇花异草、鸣禽走兽、雨后斑驳的彩虹、夜晚缤纷的霓虹以及观察社会大家庭中各民族的服饰等，这些五彩的色调能直接给予幼儿美的感受。

创设优美的教育环境，带领幼儿欣赏环境布置中的美丽色彩，也能使幼儿产生美好的情感，增长审美意识，如组织幼儿欣赏根据四季的变化创设的“春夏秋冬”的瓷砖画，春天绿草红花、夏天碧海黄沙、秋天红叶飘飘、冬天白雪皑皑。引导幼儿观察各季节的色调倾向，让幼儿感受到利用色彩能够突出四季的特征。置身于美好的教育环境中，对幼儿的色彩感的培养起到潜移默化的作用。

2. 要给孩子传授必要的知识，让其真正学会欣赏自然、提高审美能力。

初唐杰出诗人骆宾王，七岁时就能作出《咏鹅》这样的佳作："鹅，鹅，鹅，曲项向天歌。白毛浮绿水，红掌拨清波。"这本是极其平常的家鹅嬉水的场面，而七岁的骆宾王却能用形象、简练的语言描摹出一幅生动的画面。这说明他不但能够深刻观察自然美，而且也具有感受和表达能力，这无疑与他平日受到的诗文熏陶分不开。因此，在使儿童身临其境感受自然美的同时，也必须传授必要的知识，使他们逐步具有理性认识。

提供不同题材的名人名作，或者是为社会公认的、有艺术欣赏价值的作品作为欣赏的内容也是必要的。这些艺术作品可以是水墨画、建筑物、民间艺术、西洋画等。水墨画强调笔墨的趣味、浓淡相谐，色彩栩栩如生，具有很强的感染力。如吴作人的《小金鱼》、韩美林的《熊猫图》、齐白石的《虾》等。

建筑作品中如永乐宫三清殿的壁画，色彩灿烂而沉着协调，富有装饰性，具有非凡的气魄；民间艺术中如农民画家的作品、京剧脸谱、天津泥人、布老虎玩具、剪纸等，以其质朴、大胆、功利的色彩渲染作品，吸引幼儿；西洋画以色彩鲜艳、不断流动变化的现代派作品为主，以其无拘无束、自由自在的色彩表现力吸引幼儿的好奇心和注意力。如凡·高的《向日葵》、蒙德利安的《红黄蓝构图》、毕加索的《照镜子的女人》等作品，可让幼儿先比较鉴别，教师再加以评点，引导幼儿懂得色彩本身没有美丑之分，只要搭配和谐就能达到美的效果。

运用知识提升孩子的审美能力，可从多方面入手。比如：欣赏建筑美，建筑艺术被称为"凝固的音乐"。古今中外那些造型精巧、风格多样的建筑，因其巧夺天工而受到世人的赞叹。我国是建筑艺术的宝库，在辽阔的疆土上，有数不胜数的宫殿、寺院、桥、亭、台、楼、阁、轩、廊、塔、石碑，它们像明珠一样绚烂多姿。

3. 在平时，只要有机会，家长就可以进行审美教育。

例如，先让孩子看到建筑物的全景，再讲解其布局、结构、功能、造型、色彩的特点，让孩子真正体味到古代建筑宏伟、壮观的美。有的古代建筑和风景胜地还有动人的神话传统和历史故事，让孩子了解这些，不但能够增长知识，还能激发他们的想象力，让审美具有深度和广度。希望家长们积极创造这样的条件。

教子箴言

父母对孩子进行适当的引导，用知识启发孩子发现美、欣赏美，不仅让孩子能够感受美，还能够用画笔、用语言来表达这种美。相信，孩子的审美能力会得到全面提高。孩子不缺乏发现美的眼睛，要让孩子身处美的环境中，感受大自然缤纷的色彩、曼妙的形态，不仅是欣赏美，也是一种情操的陶冶。

让孩子学会欣赏美

创造美的前提，就是要让孩子学会欣赏美，严格来说，懂得欣赏美比创造美来得更为重要，因为只有懂得感知美的人，才会有美的想象和创造美的基础。

父母从小培养孩子欣赏美的能力，要考虑到孩子的性格和情绪，从而由这些地方出发，只有孩子对这些事物感兴趣，才会产生积极的情绪，从而对下面所做的事情产生兴趣和动力；还要考虑的就是孩子的能力问题，毕竟是孩子，很多东西不能过于深奥，最好跟孩子的实际生活息息相关，具有表面性和简单性。父母教会孩子欣赏美主要包括环境、自然和艺术美，我们一起来看看：

1. 让孩子生活在优美的环境中

孩子生活的环境主要就是家庭和学校，父母除了给孩子一个温馨美丽的家庭环境之外，对孩子学校的选择也不能轻视，选择好一点的学校，可以提高孩子对美的感受能力。对于家庭布置，父母可以在孩子的房间多下一些功夫，做到色彩协调、温馨可爱、干净得体，也可以采纳孩子的建议，贴一些卡通人物，买一些玩具娃娃之类的，墙壁和窗帘最好富有想象力和艺术性，给孩子的思想添上美丽的翅膀，从而潜移默化地提高孩子对于美好事物的感受能力。

2. 大自然是孩子美育极好的现成教材

聆听鸟儿的叫声，观看大千世界的各种美妙景观、花草树木和鸟虫鱼兽，这些都是美妙而又神秘的，对于孩子来说，这些具有很大的吸引力和兴趣，带着这份兴趣，父母们可以把孩子带到大自然中去感受那些美，让孩子自己去发现大自然的各种色彩，各种动听的声音，多姿多彩的形态，从而领略到大自然的美丽。父母可以在孩子理解范围内，教会孩子一些成语或者形容词，来形容这美丽的大自然，让孩子深有体会，这样还有利于孩子艺术语言的培养。

3. 教会孩子欣赏艺术美

美术、音乐和舞蹈，应该是最容易培养孩子审美的途径。周末或者节假日带孩子去看看画展，不需要刻意地去灌输老套的思想和教学内容，只要让孩子体会到那种线条、那种轮廓和那种色彩，让孩子自己感受这其中的艺术美，给孩子自己发挥的空间。给孩子买个画板，随便涂鸦，要给予孩子充分的肯定，发挥想象，尽情创造，不管美或丑，在孩子的内心世界，一切都是美好的，创造就是美的，父母也要做到。

对于音乐美，多给孩子一点音乐，古典或者摇滚，让这些取代孩子看电视或者玩游戏的活动，在孩子开心游乐或者伤心难过的时候，都可以给你的孩子来点音乐，在潜移默化中，音乐就会深入孩子的内心，给他们的心灵增添一些美妙的空间。

此外，父母可以把孩子比较感兴趣的音乐拿出来，教会他们欣赏和唱法，对于孩子，最好是选择节奏感强一些的，听起来、学起来都比较容易，这样可以培养孩子对于音乐的渴望，听一听，唱一唱，用心去领悟，才会发现这其中的美。

还有就是舞蹈，如今很多父母都会选择让孩子学会跳舞，优雅的或者节奏快的街舞，跳舞不仅能锻炼身体，还能协调肢体，创造曲线美，促进身体的平衡感，是一个不错的选择。至于选择什么舞蹈，最好是看孩子的兴趣，不要强迫，兴趣才是最好的老师。

教子箴言

法国著名雕塑家罗丹说："美是到处都有的，对于我们的眼睛，不是缺少美，而是缺少发现。"只要我们的家长能带幼儿走进大自然，再加以积极地引导，孩子们就会拥有一双会发现美、欣赏美的眼睛。有了这双眼睛，孩子就有了美的情感、美的行动。

美感教育开始的适宜时间

在日常生活中，我们只要对孩子进行细致的观察和分析就会发现：刚出生几个月的孩子就喜欢看色彩鲜艳的、会动的物体，他们听到有韵律的乐曲会停止哭声。1～2岁的孩子穿颜色好看的新衣服时会流露出愉快的表情，喜欢听别人夸奖他好看之类的话。

学龄前儿童则多半以新奇作为评判美与丑的标准。儿童表现出的对某一事物所持有的倾向性的喜恶态度，是他们最初对美的感受能力的原始反应。因而，对儿童进行的审美教育从出生后不久就应该开始。

有研究认为，4岁是图形知觉的敏感期，在这时对儿童进行图像的训练能够得到更好的训练效果。而儿童的审美心理的萌芽期应当发生在婴儿期，具体说，婴儿在2～3个月的时候，就已经具备了感知美的事物的能力。3～4个月的婴儿已经能够分辨彩色和非彩色，红色能够引起儿童的兴奋。4～8个月的婴儿最喜欢波长较长的暖色，如红、橙、黄色；不喜欢波长较短的冷色，如蓝色、紫色等；喜欢明亮的颜色，不喜欢暗淡的颜色。

所以当孩子处在婴儿期时，家长有目的地在他视觉所能触及的范围内，悬挂一些色彩艳丽的气球、形象可爱的玩具、简洁明快的图片，这虽对孩子的审美教育不可能有即时效果，但对他形成最初美的感受能力有着不可低估的作用。

当孩子到了幼儿期，发现他们特别喜欢图画故事书。那么幼儿为什么喜欢看图画故事书？幼小孩子常常对他喜欢的图画故事书，一翻再翻、百看不厌，大人常会怀疑地问：他真的这么喜欢看书吗？他到底在看什么？

其实，小孩可能被里面的图画吸引住了，幼儿从看各种图画中来满足他的想象力。

对于孩子而言，图画里的世界是座美丽的仙山，那儿有无穷的宝藏，供他任意挖掘。幼儿的接触面是有限的，在那小小的心灵中，他渴望知道一切新的事物。他可借图画来满足各种知识，认识各种东西。在图画中，他可看到没见过的东西、动物、植物，可知道各地的风土民情。虽然这些事情，他都没经历过，但图画使他满足了幻想的余味，使他神游了一番。

的确，图画能使孩子们获得幻想的满足，启发孩子们某些内在对科学、对艺术的潜能。在一本幼儿看的图画故事书中，插画所占的分量是极大的，因此插画对幼儿有很大的影响。

然而，什么样的插画才适合幼儿呢？通常，写实的和幻想的读物，都是幼儿需要的。但是经常见到有些读物的插画，不配合书中的情节，孩子会怀疑地问“青蛙怎么是这种颜色的”之类的问题。幼儿往往将图画人格化，因此插画者最好从小孩的心理需要出发，画出构图良好、具有美感、色彩美丽的插画来，使幼儿一见这幅画，立即喜欢上它。一本适合幼儿看的故事书，书中整页插图，配上简洁的文字，每幅插图均表达了该段文字的内容，即使不认识字的幼儿也能了解故事的情节，这是表达插画的最终理想。

那么作为家长——孩子的启蒙老师又怎样为幼儿选择恰当的图画故事书呢？市面上，有太多的儿童读物供家长选择，但是怎样的图画故事书才适合你的孩子看呢？

专家提供了一些意见：一本图画书的印刷是否精美，图画是否适合，这些都是父母选购书时应该重视的。有些父母，看到一本薄薄的图画书就要那么多钱，总觉得不值得，可是好的图画书，能激发孩子们的创意，获得新知，做父母的应该推荐给孩子们看。帮孩子们选择好的图画故事书，与他一起欣赏图画，听听孩子为你讲的“看图说故事”，一直讨论书里的内容，无形中可促进父母与孩子间的相互了解，这不是很美好、很温馨的事吗？

图画对幼儿的审美具有巨大的影响力。幼儿先天具有艺术活动的本能，如幼儿的游戏、绘画、唱歌等，都为艺术本能的表现。如果能在适当的时期，给予艺术本能的启发，培养幼儿的想象力、创造力、审美力等，则对幼儿将来的审美情趣的培养是很有帮助的。在孩子幼小时，父母如能诱导孩子，对图画故事书有欣赏的兴趣，使他的小小心灵活跃在色彩当中，启发他神奇的想象力，则日后对于孩子的审美教育将有相当大的帮助！

近几年，国内的儿童美术教育已蓬勃地发展起来，我国的儿童在国际比赛中也很受重视。因此经常有许多父母，忙着把孩子送去学画，期望他的孩子能从此一鸣惊人，在比赛中抱着奖牌回来。这种“填鸭式”的方法，对孩子培养审美情趣有帮助吗？你一定看到过这样的情形：一个幼儿正在墙上涂画得兴高采烈，这时你却走过去叫他停止乱画墙壁；或是站在一旁以欣赏的眼光，看他画下去。看幼儿画，好像都是在乱画，这其中有意义在吗？

专家表示：幼儿在2岁前后，所画的线条很乱、无组织。刚开始时，手腕尚不能控制得很好，等到过了这段时间后，线条就会变得较为有组织，这段期间为“涂鸦期”，画画是宣发心里的不快感。幼儿在这段期间，主要是练习手腕运动，手臂的活动越自如，线条就越清楚。这段时期最重要的是圆线乱画及经线乱画的过程。

到了3岁左右，幼儿的手腕变得较会控制，会出现圆线、直线，产生有组织的形象，如连续的几个圆圈。这些形象对大人来说，虽然是无意义的几个圆圈，但幼儿却会很起劲地指着这些形体说，这是妈妈，这是爸爸，这个是饼干……这是幼儿从运动感受中，得到思考、想象的表现，这时期是从无意义的乱画，成长到有意义的象征事物表现。

在4岁后，幼儿的画中会出现人，首先出现的人，是一个头和两只脚，有如蝌蚪的样子，有人称这种最初出现的只有头、脚的人为蝌蚪人。幼儿第一个会画的就是人，因为是最常见的。而他最早接近的也是他的亲人，所以使他有如此深刻的印象。到了五六岁，幼儿所表现出来的画，有了较接近自己视觉的表现。他会替人画上手、身体、衣服，会以头发分出男的或女的，会以人物的大或小来表现你我之区别。如果幼儿越早涂鸦，他会越早进入绘画，涂鸦可以把心情宣泄出来，减轻心里的烦闷，对幼儿来说，也是一种有益的活动。

随着孩子的成长，生活经验的不断丰富，知识的逐渐积累，他们对美的感受能力有所提高，但毕竟还不成熟，在感知美的过程中具有表面性、情绪性和模仿性的特点。即他们对事物的认识往往是停留在物体外表的色彩、形状上，缺乏理解美的内在含义。经常以他们是否认识感知对象或是否对它感兴趣作为评判的依据。儿童善于模仿的特点，导致他们在感受美的过程中出现严重的从众心理。鉴于孩子的这些特点，家长在对孩子的教育中，须从孩子的生活实际出发，具体地加以培养和指导。

对学龄前儿童的美感教育，是不能一蹴而就的，家长必须身体力行，时时做有心人。首先，家庭的室内布置要色彩协调而不繁杂，美观而不落俗套，整洁而有条理，让孩子在其中享受到一种协调的美。全家和睦相处，尊老爱幼，给孩子心理上充分的安全感，时时体味到家庭所特有的温馨，产生愉悦的情绪体验，这些对于孩子审美情趣的形成和发展、高尚情操及健康审美能力的形成都有很大的帮助。

在日常生活中，家长要经常帮助孩子提高鉴赏、评判美的能力，告诉孩子什么东西是美的，什么是丑的。同时，家长在平时不论是与成人交谈，还是和孩子们说话，都要注意自己的言语对孩子产生的影响。行为举止要符合社会文明规范，待人接物要彬彬有礼。不要说粗话、脏话。从小就对孩子进行文明礼貌教育，养成好的习惯。

随着孩子年龄的增长，家长也要逐步扩大审美的内容。带孩子走出家门到大自然中领略自然风光和造型优美的建筑，欣赏五彩缤纷的展览，阅读优秀的儿童作品，参加有特色的音乐会等，激发孩子对美的事物的情感流露。

启发他们对事物现象美的认识发展到对事物本质美的认识。这样既能丰富孩子的精神生活，陶冶情操，也能起到发展孩子智力的作用。

教子箴言

美，是人类百花园中一株瑰丽的奇葩，她植根于大自然之中、社会生活之内和人们的心灵之上，根深叶茂，源远流长。为了培养孩子具有感受美、鉴赏美、创造美的能力而进行的教育活动，是孩子健康成长的需要。

要让孩子形成美的观念

对孩子进行审美教育，还要注意培养他们形成美的观念，使他们能够以内心积淀的美的知识、美的标准、美的观念去评价、衡量、判断客观事物的美和丑。所以审美教育不能满足于孩子能够在成人的指点下简单地分清美丑，还要使之升华为美的观念。

家长要引导孩子形成审美观念。要让孩子懂得一些简单的美学知识，知道美的各种表现形式，从而懂得什么是真正的美，让孩子明白，美也会有个体的差异性。不同的人有不同的审美观，你认为是美的，别人不一定就认为美，美重在自己的内心感受，而不在相互攀比或与他人的过度一致。

整洁的服装是一份可靠的介绍，孩子只要穿戴整洁，符合其身份，能表现活力就是美。因此，美有很多学问，有很多道理。孩子需要掌握一些美学道理，父母更需钻研一些美学知识，让孩子在家庭生活中体验美。

美不仅包含了外在美，也包含了内在美，能达到两者和谐统一的美，毋庸置疑是最理想的“完美”。只有用健康的审美观塑造自我、创造美好的明天，才能被认为是最美的、最为精彩的。当然，家长想让孩子树立正确的审美观念，首先自身需要具备较正确的审美观念。推而广之，扩大审美的范围和视野，做到举一反三、触类旁通。

学会欣赏美、创造美的目的都是让孩子在内心形成美的观念，简单来说，就是让孩子把简单的外在美，升华成内心对于美的知识，判断美的标准，以及如何去衡量美和丑。审美教育不仅仅是孩子在家长的指导下认识美好的事物，更多的是学会转化成内心的东西，形成一种美的观念，从而扩大自己的视野。

1. 教会孩子健康“爱美”

追求美是每个人的天性，人们都向往美好的东西，可是有时候，孩子会把“爱美”误解。孩子喜欢小裙子，喜欢漂亮的衣服和头发，喜欢把自己的房间装饰得美丽可爱，包括床单、窗帘，还有各种各样的玩具，这些都是正常的审美需求，也是每个人爱美、追求美的体现。

但是有的时候，孩子把握不好度，除了美丽的东西之外，对于普通或者不怎么漂亮的东西表现出极度的厌恶和鄙视的态度，这就是不正确的。

此外，有的孩子过分地追求漂亮和奢华，会常常跟父母或者爷爷奶奶提出一些不符合年龄的要求，比如小孩子就要穿高跟鞋、露脐装，这些行为都是要及时纠正的。父母们要重视，这些已经超出“正常美”的范畴了，是一种病态的追求美，如果不及时纠正，就会使得孩子掉进“爱美”的深渊，难以自拔。

因为这个时候孩子的审美意识还没有完全形成，很多想法容易过于偏激或者具有片面性，父母要做的就是不要让孩子的审美浮于表面，形式美只是最基础的美丽，教会孩子形成美的观念，才是最重要的。

如果你的孩子出现这种状况，一定要及时处理，家长首先考虑自己的审美教育是否正确，其次从孩子的具体表现中，及时加以纠正和讲解，调整孩子的审美观念，正确认识爱美的意义，从而促进孩子健康快乐成长。

2. 教会孩子真善美和假丑恶的判别标准

美是没有标准去界定的，每个人的观念和想法不一样，我们判别的标准不是唯一的，也不是独立的。父母在教会孩子关于美的知识的同时，也需要告诉他们，美有各种各样的表现形式，具有差异性，不同的人有不同的审美，你认为美好的东西，或者丑陋的东西，别人不一定这么认为，所以不要因为个人的想法，就肯定一切或者否定一切。

美是一种感觉，是发自自己的内心，而不是随大流或者相互比较，不要让世俗影响自己对于美丑的判别能力。这就是我们需要对孩子进行的美的教育。

有的人觉得干净是一种美，有的人觉得时尚是一种美，所以关于美的学问是很多的，而且不一。美不仅仅是外在美，还包含了内在美，心灵美也很重要，很多时候它比外在美来得更重要，更有意义，只有内在美和外在美两者达到和谐的统一，这才是人们口中的完美。

父母需要教会孩子关于辨别美的道理，用健康的审美观念塑造自我，形成自己的个性，从而更好地发展和创造。当然，这些都是离不开家长自身的素养的，所以父母们要与时俱进，提高自己的审美素养，才能保证孩子接受到正确合理的教育。

3. 给孩子一点时间，让美在孩子内心开花结果

让孩子学会发现美、欣赏美、创造美以及形成美的观念，这是需要时间的，因为这些过程都是受到家庭和社会双重影响的，还有孩子自己内心的成长变化。比如一个小女孩穿着粉红色的裙子，大家都夸她漂亮，这种赞美就给了孩子一种暗示，粉色裙子是美的。久而久之，这可能造成孩子一种极端，

就是偏爱粉色裙子，觉得这是最美，这其实是不合理的。

想要改变孩子极端美的认识，不是一下子就可以完成的。爸爸妈妈可以给孩子更多的尝试，然后赞美，让孩子发现更多的美，而不是局限在一个范围之内，这才有利于孩子成长，当然也需要父母花时间慢慢改变。

改变孩子的审美观念是需要耐心和时间的，首先要让他懂得关于美的知识和判断标准，如果发现孩子有审美偏差，比如追求华丽的外表，瞧不起穷人，只和漂亮的人在一起玩，这个时候父母就要注意了，要让孩子学会包容他人，学会发现内心美，学会自我克制和尊重别人，进而慢慢纠正观念。

4. 在游戏中进行审美教育

对孩子进行审美教育还可以通过游戏来进行。喜欢游戏是孩子的天性，孩子在轻松的、自由的游戏活动中，很容易记住现实生活中美的事物，养成良好的行为习惯，并学会用美的语言去描述游戏中的所见所感。比如让孩子玩搭积木的游戏，建造一座新型的立交桥，通过游戏，孩子就能够懂得建筑中的艺术美；让孩子玩拼图，他们可以从中学会色彩搭配。

游戏还能够推动创造力的发展，孩子在快乐的游戏中可以充分发挥想象并进行美的创造。幼儿园中的手工制作其实就具备这种美育功能。孩子在动手制作的游戏中，通过把材料进行分类、裁剪、粘贴等完成一件作品后，可以充分品尝“我觉得这样好看我就这样做”的快乐，这种自己设计、自己表达、自己创造的活动，将促进孩子对美的感受与追求。

放手让孩子在游戏中自由创作，是培养孩子的审美趣味，促进他们通过思考和实践把自己对美的理解付诸行动的好方法。此外，让孩子适当地参加力所能及的饲养和种植活动，以及值日生工作等，都有助于加深他们对美的感受，有利于培养孩子创造美的能力。

孩子需要的是家长的肯定，而不是我们站在成人的角度对“美”的任何评判。同时，家长也要注重对孩子的审美引导。在“审美敏感期”发展的过程中，家长千万不要用“不正常”“怪异”等定性的词语来评价成长中的孩子。孩子的审美观会因为身心发展、养育环境的不同而出现差异，因此，家长必须以客观的态度，在日常的生活与活动中细心观察孩子，给孩子以正确的协助和引导。

教子箴言

让孩子学会发现美，欣赏美，让孩子把简单的外在美，升华成内心对于美的认识，判断美的标准，以及如何去衡量美和丑。审美教育不仅仅是孩子在家长的指导下认识美好的事物，更多的是学会转化成内心的东西，形成一种美的观念，从而扩大自己的视野。

让孩子树立正确的审美观

早期的审美启蒙教育，对于孩子来说是很有必要的，除了有助于孩子形成美的观念，还有助于他们思想和精神层面的发展。而父母是孩子最直接的老师，不要把教育都推给学校，父母才是孩子的第一任老师，对于美育，父母要讲究内在和外在两种美，陶冶孩子情操的同时，改变孩子不正确的审美观念，把孩子培养成为一个兼具内在和外在美，并且把这些美转化为语言和行动的人。

很多父母可能会忽视这个概念，因为生活中很少提及孩子的审美观念如何如何，父母关注更多的可能是孩子的智力和长相等，对于审美观的培养，还没有过多地去关注。

其实审美观就是一种观念，是对一个事物，包括自然、社会、人文和艺术等持有的观念，抱着什么样的审美态度去看待，以及用什么样的审美方法去总结，简单来说，就是人们形成的对美的理解和评价。其实审美观念只是世界观的一个成分，世界观决定审美观，审美观对世界观起到影响的作用，是社会实践的产物。之所以让孩子从小树立正确的审美观，另一方面是让孩子发现社会更多的美，一方面也是为树立正确的世界观打好基础，因为有了正确的审美观念，不管是从外在还是内在，孩子所表现的行为，现在和将来，都会符合这个社会的发展，被大多数人所接受，孩子的成长也就更加顺畅一些。

不同的时代，不同的人，都会有着不一样的审美观，用比较通俗的话去理解，唐朝以胖为美，那时候的审美观念就是胖子是美女；而现在社会，都是追求骨感美，瘦的就是美女，唐朝人的审美观和现在人的审美观就不一样。但是有些东西是没有改变的，比如勤劳努力的个性从古到今，一直被人看好，在大多数人眼里，拥有勤劳努力个性的人都是比较美丽的，哪怕是一个残疾或者面容很丑的人，有时候内在美远远大于外在美，这就是审美观念的核心所在。

孩子在2.5~5岁之间会有一个“审美敏感期”，这个阶段的孩子会变得十分挑剔和敏感，对事物都有自己的标准和要求，一旦被打乱就会发脾气、哭闹。随着年龄的增加，孩子开始逐渐关注自身形象的完美，尤其是女孩子，可能会出现“臭美”的表现。

家长不要担心孩子会受到什么消极的影响，比如担心孩子过分注重自己的外观，而变得爱慕虚荣。这是孩子正常发育的一个阶段，主要表现为孩子审美能力的发展，而这一发展对孩子有着重要的意义，体现在个人魅力、气质、个性特点上。家长应该尊重孩子的审美需求，可以给孩子提供适宜的物品，给孩子自己选择穿衣的权利等。同时，引导孩子形成健康的审美趣味。

爱美之心，人皆有之。

其实我们每一天都在为了“美”奋斗，更美的生活，更美的衣服，更美的心情等，之所以要让孩子从小树立审美观，主要只为了让他们分辨出美和丑，并且会为了追求美而去创造努力，这些都是离不开系统的审美教育的，这个观念要从小养成，否则以后孩子的世界观可能受到扭曲。

孩子在3~10岁，是接受知识较佳的时期，也是打基础的时候，所以这个时候的审美教育和德、智、体的教育是一样重要的，这都会影响到孩子的未来。审美的涉及面很宽，简单分为内在和外在，外在就是我们可以用肉眼看到的，然后对他的美进行理解和评价；内在的，是肉眼看不到的，主要是意识形态方面的，我们可以理解为一种才能、道德或者是感情类的。除了教会孩子认识到审美观念之外，还要让孩子学会去辨别美和丑。

此外，美也分内在美和外在美，我们要告诉孩子，内在美比外在美更重要，更有意义和价值，这是培养孩子审美观的核心所在。只有孩子知道了美和丑，才能更好地去适应这个社会，也才能被这个社会所包容。如果孩子的审美思想偏离正道，衣着、思想都不符合常人，那么谁会和他交朋友呢？只有让孩子知道内在美的价值高于外在美，孩子的精神境界才会提高，才会为了创造美而去奋斗努力。

教子箴言

艺术应该像食物和空气一样包围着我们，是我们生活的一部分。每个孩子将来不一定非要成为艺术家，但人人都可以过艺术的生活，拥有自己的艺术人生，使人具有美的理想、美的情操、美的品格、美的素养，具有欣赏美和创造美的能力。

第四章

好音乐让孩子身心健康

教育学家说：“音乐是思维的源泉，没有音乐教育，就不可能有合乎要求的智力发展。”在音乐氛围中成长的孩子，能深切感受理解其优美、崇高的情感特征，会随着节拍和旋律的变化，任想象力充分地发展。在艺术世界里，音乐是最善于表达、激发情感的艺术，对儿童的思维活动具有强烈的促动力，通过广泛接触表现不同情感、内容的音乐，幼儿的情感世界将逐渐变得丰富、充实。

音乐对孩子的影响

音乐造就天才，并非凭空捏造。科学研究表明，音乐的波动能以生物电的形式影响人的记忆神经元，刺激大脑的神经回路，像架设桥梁一样，它可以使大脑的神经元上的突触数增加、轴突变粗，从而使大脑内的信息交换加快、思维能力增强，即记忆力增强、思考反应能力变快。

苏联教育家苏霍姆林斯基说过："音乐是思维有力的源泉。没有音乐教育就不可能有合乎要求的智力发展。"在音乐氛围中成长的孩子，能够深切地理解其中的优美、崇高的情感特征，会随着节拍和旋律的变化，任想象力充分地发展。

音乐，对儿童的思维活动具有强烈的促动力，通过音乐的熏陶，有的孩子甚至能描述许多闻所未闻、见所未见的事物，如爱因斯坦把童年时代的音乐教育看成是他一生事业成就的基础，而成就一项伟大的事业需要人具有全面优秀的精神品格。那么，音乐教育对幼儿的影响体现在哪些方面呢？

1. 陶冶性情，培养幼儿的审美能力

热爱音乐是儿童的天性，幼儿满怀好奇和探究的心理来到这个世界上，他们睁开眼睛就要寻觅鲜艳、明快的色彩，看五彩缤纷的世界，他们竖起耳朵就要倾听母亲的声音和环境中丰富多变的音响。美丽鲜艳的色彩与图案可以满足儿童视觉的需要，而优美动听、欢快活泼的音乐便是满足他们听觉需要的最好刺激。

儿童终日生活在想象的世界里，一块积木、一堆沙土、一个小动物等，这些简单的物品都能为他们提供丰富的想象天地。同样，生动形象、富有表情的音乐旋律与节奏，尤其是一些描述性的、模拟性的发挥儿童想象力的好材料，他们可以从音乐中领略到大自然的流水淙淙、鸟语花香、野蜂飞舞、万马奔腾等美妙动人的场景。

音乐是表情达意的艺术，儿童恰恰具有喜形于色、感情外露的特点，他们还难以用言语表达他们内心的情感和体验，而音乐中强烈的情绪对比、鲜明的感情描写正抒发了儿童的内心感受，所以儿童发自内心地喜欢音乐，以至于常常情不自禁地随着音乐手舞足蹈。

正是音乐，陶冶了儿童的情感，保持和发展了儿童的想象力并激发他们对生活的无比热爱以及对美好未来的无限憧憬。

2. 寓教于乐，培养孩子高尚的品德

音乐对儿童德育的发展是不言而喻的。任何品德教育如果没有情感的基础，只能成为空洞的说教，而音乐正可以培育良好的情感基础。音乐依靠的是优美动听的音乐本身，潜移默化地产生作用。古代思想家荀子在《乐论》中说指出“夫声乐之入人也深，其化人也速，故失王谨为之文”。“帮先王导之以礼乐而民和睦。”可见，他充分认识到了音乐的教育作用以及以乐感人的教育方式。例如《一分钱》这首儿童歌曲，以一个儿童的口吻，叙述了他把一分钱交给警察叔叔的经过，全曲天真活泼、充满稚气，毫无说教的味道，非常自然地赞扬了拾金不昧的美德。

大多数音乐活动都是集体活动，无论是音乐游戏、器乐合奏还是合唱，都能培育人的集体主义精神、遵守纪律的习惯，以及形成人与人紧密合作的良好道德。国外许多学者已经开始把音乐活动当成培养新一代社会道德模范的早期教育行为来研究，并在教育中给予非常重要的地位。

3. 启迪智慧，开发孩子智力

音乐教育能促进智育的发展，这一点不仅为音乐教育工作者所重视，还逐步形成了社会的共识。增加智力投资，加强儿童的早期音乐教育已成为一种发展趋势，越来越多的家庭为孩子购买乐器，请家庭教师。大量事实证明，正确的音乐教育对儿童智力的发展确实有着积极的促进作用。

我们知道智力是人认识客观规律、改造客观事物的能力。从智力的结构角度来看，智力包括感知、观察、记忆、想象、创造等形象思维和逻辑思维的能力。智力的物质基础是人的大脑。科学研究表明，音乐活动不仅依赖于大脑皮质的分析机制，它还依赖于那些主管感受与动机的次皮质结构，而这些结构对人智力的发展，起着至关重要的作用。培养儿童对音乐具有敏锐感觉，对提高儿童的理解能力和思维能力，也会起到积极的作用。例如：让初生婴儿在哺乳、活动或睡眠时听一些优美、愉快的音乐，可以使婴儿的朦胧期缩短，学语期提前。

科学家贝弗里奇说："音乐有助于直觉……在感情上，音乐带给人的快感，近似于创造思维活动带给人的快感，而适当的音乐能帮助造成适合于创造性思维的情绪。"爱因斯坦每当研究问题遇到困难时，就把自己关起来演奏音乐，他常在音乐中重新获得灵感。其中原因正是音乐使他的思路从逻辑的束缚中解放出来，重新获得创造力。所以他说："真正的科学和真正的音乐要求同样的思维过程。"正因为如此，许多成功的科学家都与音乐有不解之缘，爱因斯坦拉小提琴，普朗克擅长演奏钢琴，玻尔兹曼有很高的音乐欣赏能力，耗散结构理论的创始人、诺贝尔奖获得者普里高津，一般进化论的创始人、美国系统哲学家拉兹洛早年都是钢琴家。

4. 促进孩子身心健康发展

优美的音乐可以促进人的身心健康发展，正因为此，音乐治疗作为一个新兴学科，正在全世界蓬勃发展。事实上，在人类的音乐发展史中，音乐始终与人体的运动分不开。

古人云：诗、乐、舞三位一体，正是指这一状态。许多作曲家都强调音乐与身体或手势语言之间的密切联系，他们认为从某种程度上说，音乐本身最好还是被看成一种延伸了的手势、一种由身体所执行的运动或方向。著名作曲家斯特拉文斯基甚至认为音乐必须被看见，这样才能得到恰当的吸收，他认为一个人在听音乐时必须看演奏者演奏。

确实，听音乐会的录音给人心灵的震撼要比亲临现场观看演出差得多。幼儿当然会把音乐运动与身体运动自然而然地联系起来，他们觉得如不伴以某种身体运动是唱不出歌来的。奥地利的音乐教育家提出具有体态律动配合的音乐教学法，体现了音乐与运动的密切联系。他认为："音乐的学习应该从有关运动的经验开始。"

音乐益于身心健康，这一功能与体育的根本目标是完全一致的。从特征上说，音乐发源于人内在的情感运动，而体育表现为人外在的身体运动，音乐发展人健康的情感能力，而体育锻炼人强健的体魄，它们从不同方面促进人身心的健康发展，相互促进、相得益彰。随着人类文明的发展，音乐与体育呈现出日益紧密结合的趋向。例如，现在许多运动项目如自由体操、花样滑冰和游泳等已经与音乐完美结合，儿童广播体操更是离不开音乐。

美国加利福尼亚大学戈登教授也曾做过研究，将78名3～4岁智力相同的幼儿分成三组：一组学习和聆听莫扎特及贝多芬的音乐曲；一组学习电脑；另一组不接受训练。9个月之后，戈登教授用拼图游戏对这三组孩子进行智力测试，发现学习音乐的孩子的得分平均提高了35%，而另外两组孩子则几乎没有提高。

育儿专家指出，0～3岁是孩子脑力发育的"黄金期"，是人一生中可塑性最高的阶段，音乐在这一成长阶段对孩子的智力发展起着至关重要的作用。由此可见，音乐的魔力不仅仅体现在胎教中，如果从零岁开始让孩子接触音乐，并一直坚持下去，可以挖掘和启发儿童的多种智力和各项潜能。全国教育科学"十五"规划教育部课题组在《儿童古典音乐赏析》中明确指出，音乐能够提高想象力、认知能力、注意力、语言能力、记忆力等各方面智力潜能，是开启人类智慧大门的金钥匙。

教子箴言

每个人都有音乐潜能，早期音乐体验质量决定孩子音乐潜能发挥的程度，因此对孩子进行正确的音乐教育是关键。在音乐中成长的孩子，能敏锐地感受理解音乐的特征，并随着节拍和旋律的变化让想象力自由地飞翔。

培养孩子的音乐细胞

不少家长都想培养孩子爱好音乐，或者能让孩子在音乐方面有所发展、成才，但不知道音乐细胞从哪里来，又该怎样培养。这里，介绍一些基本要素和方法。

1. 从小培养孩子爱唱歌。据美国加利福尼亚大学教授曾对一群孩子进行的一项长期跟踪调查表明：音乐往往启蒙于唱歌。实践证明也是这样，不少歌唱家、作曲家、演奏家、音乐教育家或者音乐明星，他们从小都非常喜欢歌唱。在家里唱，在外面也唱；走着也唱，玩着也唱，久而久之，他们便爱上了音乐，迷上了音乐，继而走上了音乐的发展道路。

一个人一旦爱上了唱歌，他就会迷上唱歌，就会唱熟很多歌，会唱的歌多了，在大脑里就会储藏许多音乐形象，所谓“音乐形象”就是“音乐细胞”了。

因此，作为家长，一定要注意从小培养孩子爱唱歌、多唱歌、会唱熟唱很多歌，无论孩子的先天条件或潜质好不好，都应当有意识地去开发和培养。如：天天给孩子教唱一些儿歌、民歌、摇篮曲或利用电视机、收录机、VCD等来播放一些歌曲，让孩子长期在浓厚、欢快、热烈的家庭音乐环境中得到熏陶。这是培养孩子音乐细胞最重要的方法手段。

2. 从小培养孩子爱听音乐。人们在听音乐（即欣赏音乐）过程中先满足于悦耳（好听）的感受，然后是在悦耳的感受中不断领会音乐的各种语言，在领会音乐的各种语言中引起了感情上的共鸣，再由感情上的共鸣升华为理智地理解音乐的思想内涵。

所谓“音乐语言”，就是音乐中具有鲜明个性和特点的旋律、节奏、速度、力度、音色这五个方面的要素。这五个方面的要素集中表现为学会欣赏优美悦耳的旋律流动感，领会铿锵稳定的音乐节奏感，体验轻柔缓急的音乐速度感，理解高低强弱的音乐力度感，享受感人肺腑的音乐色彩感。

这五个方面的音乐语言，就如孩子从小学说话，如果不懂得说话语言，就无法进行语言交流和思想沟通的道理一样。经常给孩子播放一些我国著名的民族管弦乐曲、协奏曲、独奏曲、合奏曲、合唱曲或外国著名交响曲、奏鸣曲，或经常带孩子去听音乐会，观看文艺演出，有条件的请业内老师多给予指导和辅导，这样长期听多了，听惯了，听熟了，听懂了音乐，就会掌握一定的音乐语言。听懂了音乐，说明孩子已经有了一定的音乐细胞了。

要培养孩子具有丰富的音乐细胞，还应当注意从小培养孩子学会掌握音乐表现的技巧和技能。如：教给孩子一些音乐知识，学会识谱、记谱；同时，还要教给孩子学会掌握一两门乐器的演奏方法和技巧，如：学会演奏钢琴、小提琴、二胡、笛子等。乐器演奏都要手脑并用，手的触觉、耳的听觉、眼的视觉、心的感觉一起使用起来，便会使人的音乐思想感情更加丰富。

3. 从小培养孩子爱跳舞，也是培养孩子音乐细胞的一个重要的途径。人们通过舒展潇洒的姿态、轻柔的舞步、奔放粗犷的动作，将不同的情绪伴随着音乐旋律的流动而展现在人们的面前，从而使孩子在欣赏美的舞蹈中获得了美的感受，在实践美的舞蹈中获得了美的享受，在理解美的舞蹈中获得了美的创造力，在体验美的舞蹈中获得了丰富多彩的音乐细胞。

教子箴言

音乐，对儿童的思维活动具有强烈的促动力，音乐教育和智力开发有着密不可分的联系。欢快、柔和、优美的乐曲能培养孩子良好的感受性，熏陶优美、安详、高雅的情感，具有美化心境、陶冶情操的作用。

给孩子创造一个音乐环境

每个孩子都在某个方面有着天才般的本领，但是任何的天分都需要在后天环境中进行锻造和再次加工才能绽放光芒。美国哈佛大学的心理学教授Dr. Gardner认为，我们做的任何事情，都是由父母的遗传以及可获得的环境机会两方面因素共同决定的。

一个人可以拥有世界上独一无二的音乐天分，但是如果他无法接触音乐，他就不可能在音乐方面取得任何成就。相比较而言，影响儿童音乐智能发展的首要因素是环境，其次才是指导。国内外许许多多成功实例证明，儿童长期置身于音乐的环境中，他们与生俱来的音乐潜能就会显露，并显示出令人难以置信的学习能力和音乐天分。

在家庭中制造音乐环境，对陶冶孩子的情操或为孩子未来成为艺术人才有着不可估量的作用。那么，家长怎样给孩子创造良好的音乐环境呢？

首先，家长们需要为孩子创造一个适宜的音乐环境。通过一些感性的音乐，帮助孩子认识自己的身体并建立身体意识，以不同节拍与曲调的音乐和表达不同情感的歌曲来让孩子认识广阔的声音世界。

在音乐的选择上，如果家长没有头绪，可以看看由外研社发行的《布奇乐乐园》。《布奇乐乐园》是由外研社与众专家联合倾力打造，适合儿童身心发展需要的早教丛书，其音乐教育部分引进与国际接轨的奥尔夫音乐教学法，无论是在音乐取材上，还是 MV 的拍摄上，都是上乘之作。

此外，专家还建议，除了单纯地欣赏音乐外，家长还可以让孩子使用一些简单的打击乐器，随着音乐节拍随意敲打并扭动身体，使肢体语言更加丰富多彩。

其次，音乐游戏。游戏即是儿童的工作，音乐游戏可以使用节奏和旋律的自然手段来和孩子互动，使儿童在充满音乐的环境中生活并感知音乐的魅力，如《布奇乐乐园》中的“布奇音乐屋”这个环节，就是适合家庭进行的亲子奥尔夫音乐活动。

再次，家庭环境中应营造让孩子随时随地感受到音乐的环境，可以在孩子睡前准备如摇篮曲、小夜曲等节奏舒缓类的柔和音乐，让其尽快入眠并形成睡眠的规律。白天的睡眠次数多可以让音乐贯穿其整个入睡阶段，当孩子快要醒来时，换成一些欢快的、节奏感较为鲜明一些的儿歌类音乐，让孩子回到游戏的环境中来。

环境对人的思想、行为具有潜移默化的影响，我们要让孩子置身于不同题材的音乐环境中，在一系列以科学认知、传统文化、自我认识等不同领域组成的歌声中感受音乐带来的成长的快乐！

0～6 岁的儿童正是处于声音和音调敏感性发展的关键期。在这一时期，一个丰富的音乐环境能为孩子音乐能力的发展奠定基础。孩子的成长离不开环境，无论是音乐早教还是其他，父母一个对的选择也许会影响到孩子的一生。

教子箴言

音乐教育是在儿童愉快的音乐活动中进行的，它的教育影响往往不像语言说教表述得那样直截了当，而是像春雨，点点滴滴渗透到儿童的心灵深处，起着熏陶、感染的教育作用。

各个年龄段的孩子应该听什么

当孩子还在妈妈肚子里的时候，爸爸妈妈就放悦耳的胎教音乐对孩子进行胎教。这样孩子就会在音乐中快乐地成长，当他出生时自然也会分外可爱。但爸爸妈妈们千万别忘了，在孩子出生以后也要让他多听音乐。从孩子出生到3~4个月时，是一个可利用的重要时期。在这时期内让孩子继续听胎教音乐，可以逐渐培养孩子对音乐的兴趣，从小培养孩子感受音乐的能力，使孩子从小就有好的气质。

一、新生孩子听的内容

近年来的研究发现，婴儿具有的能力是令人惊奇的。那种认为孩子出生后两三个月，不能听、不会看、不存在智能等说法是不符合实际的。研究人员在医院婴儿室所做的实验，表明了新生儿不仅有了听觉能力，还有听觉辨别能力。

婴儿室的孩子若有一人啼哭，就会带出一片哭声。这时给他们听优美的音乐，令人惊奇的是他们大都会停止哭声去倾听音乐。也许有人会说，成年人中也有许多是听不懂音乐的，孩子那么小，又怎么可能知道音乐在传达什么呢。其实大可不必担心，让孩子听音乐，不存在“听懂”或“理解”的问题，其目的只是让孩子感受，着眼于“熏陶”和“感染”。

在什么时候给新生孩子听音乐最好呢?

一是当孩子要入睡的时候，听安静柔和的摇篮曲，这样会使孩子的情绪安定舒适，渐渐地入睡。如久石让《菊次郎的夏天》，钢琴的优美声音，就像母亲慈爱的声音传过孩子心田，让孩子在妈妈般的声音中渐渐进入梦乡。

如《孩子睡了》这首摇篮曲有很好的安神、催眠作用，而且还会激发孩子无穷的想象力，既能促进孩子健康发育，又可抚慰孩子的焦躁情绪，为孩子早期音乐启蒙打下良好基础，让孩子尽早接触人类文化中最伟大的心灵。再如《摇篮曲》（勃拉姆斯），在欧美，许多父母将之作为孩子睡前必播的专辑，也成了许多家庭共同的甜蜜回忆。当这些听习惯了以后，到了该睡觉的时候，一放音乐，孩子就能安静、很快地入睡。

二是当孩子情绪烦躁哭闹的时候，给孩子听愉快活泼的音乐，如肖邦的《催眠练习曲》，夜曲形态的练习曲，可以转移他们的注意力，让吵闹的孩子安静下来；印尼民歌《宝贝》，这首悠扬的曲子能让孩子体会到人间最纯真的母爱，唤起孩子对母亲的热爱之情。

三是给孩子吃奶的时候，可以给孩子听优美活泼的音乐。如《春风》，听着萨克斯就好像春风吹过肩膀，是那么的轻柔，使孩子情绪愉快，吃得香甜；恩里科·托赛利的《夜莺小夜曲》，录音背景中加入了夜莺的啼鸣，风格抒情浪漫，乐器音色非常优美；中国古典经典的爱情故事《梁祝》，音乐的起伏跌宕随着爱情的发展而进行着，让孩子多了解一下中国的音乐瑰宝吧；可以让人感受到绿草如茵的草地散发芳香的《绿草如茵的家园》，仿佛乘着音乐的翅膀，穿越时空，目睹一场美丽的邂逅，犹如一股清流席卷而来。由爱尔兰风笛作为主旋律的《黑玫瑰》，风笛的声音是如此干净飘逸、苍凉幽远，它轻轻唤起我们内心的一些伤感，似叹息，似倾诉，似乎从那遥远的梦中抑或那久别的地方传来。

二、半岁到 3 岁孩子听的内容

心理学家曾经表示，一个从幼儿期就开始听诗和音乐成长的孩子，和在嘈杂的噪声环境中成长的孩子来比较，其个性以及情绪上的差距非常大。

孩子 6 个月后，当听到童谣或是歌曲，就会用身体或头部配合音符和节拍来感受快感。这份快感，是孩子对于节奏与言语节拍最初的自觉，如果这份自觉可以继续延续成长，就会产生爱好诗与音乐的种子，所以一些符合这个年龄段的童谣或歌曲就显得尤为重要。

例如：《小马》，将孩子放在家长的腿上，边说儿歌边做骑马的样子：“小马小马呱嗒嗒，宝宝骑马笑哈哈”，在听儿歌的同时也加深了母子间的感情。《小哥哥》：“小哥哥，比我大，天天教我学说话，哥哥要去幼儿园，你也把我带上吧。”在听歌的过程中让宝宝知道比自己大的男孩子叫“哥哥”。再如《小鸟》《大公鸡》《小草》《白石塔》等，这些童谣中的介绍也为孩子以后更好地认识事物打下了良好的基础。

孩子到了一岁左右，对节奏强烈和优美的音乐会产生积极的反应。有的孩子能做出类似舞蹈的动作，也有的孩子有类似唱歌的嗓音反应。如《幸福拍手歌》，孩子可以随着歌曲，做出跺脚、拍手、挤、拍肩膀等动作。同时《小布叮发音启蒙系列》的儿歌如《发音启蒙——打电话》《发音启蒙——春天》《发音启蒙——太阳》《发音启蒙——跟妈妈做》《发音启蒙——镜子》《发音启蒙——小花猫》等也是很不错的选择。

两岁的孩子，不仅能注意倾听音乐，也能感受简单的音乐作品。例如：中外儿童歌曲《粉刷匠》《铃儿响叮当》《美丽的大公鸡》《风车》《好宝宝》，还有表现各种动物形象特征的《小鸟的歌》《小鸭的舞》《小猪》《蜗牛》《猴与牛》等都是非常适合1~2岁孩子听的。

三岁孩子有更大的欣赏音乐的积极性，音乐能引起情绪上的共鸣，快乐活泼的音乐使孩子心情愉快。如《说哈罗》：“很高兴你就说哈罗。我们一起唱呀，大家一起跳呀，围着圆圈一起欢笑说哈罗！”《数高楼》：“一二三四五六、四五六七八九、我和爷爷数高楼呀、爷爷和我数高楼。”《手和脚》：“我有两只手，两只手是好姐妹，举起右手转圈圈，举起左手转圈圈，左手右手拍一拍。”《好奇的小蜜蜂》：“好奇的小蜜蜂，小蜜蜂，飞到西来飞到东，飞到春天花园里。”安静的音乐使孩子心情平静，如来自生活的口琴艺术家——赫德图斯曼《仰望》：声音花瓣，洒落在你那尘封的心头，借着口琴音声与你心灵的相契，让心灵的梵音有另一番的诠释，用他那美妙绝伦的口琴声诉说着紫竹林的天空，他的琴声有天籁之音！《悠游紫竹林》，诉说着紫竹林的天空，琴声有如天籁之音！这个时候的孩子对音乐作品的感情性质不易理解，他们听音乐时最注意的往往是表现主题的特征性因素。

3岁孩子已经能辨认音乐作品中的速度变化，他们的动作能随音乐速度的变化而变化。3岁孩子感知力度和音区的变化还有困难，如音乐旋律在高音区及低音区进行时，必须在成人指导下知道小鸟飞得轻快，小鸟唱歌声音高，而大象笨重，声音低沉厚重。3岁孩子的记忆力是逐步形成的，他们能记住歌曲，主要靠与曲调紧密结合的歌词，最容易记住的是象声词，如："轰隆隆"、"喵喵"、"咩咩"，其次是形象具体的歌词。

《海娃的歌》："海螺螺咧，贝壳壳咧，赶海归来多快活咧；浪花花咧，沙窝窝咧，赤足追逐童年的梦。"《编花篮》："编，编花篮，编个花篮上南山，南山开满红牡丹，朵朵花儿开得艳，银个丹丹银牡丹，银牡丹那个哪哈依呀嗨。"《四季童谣》："春天到，春天到，山坡青青花朵笑；杨柳青青小鸟跳呀，河水清清船儿漂。"《水龙头》："谁哭了，泪汪汪，小弟弟到处找。不知谁，洗完手，没把龙头来关好。小龙头，不要哭，把你眼泪来擦掉。"《树叶歌》："柳树叶，像眉毛，两头尖尖一笔描；槐树叶，像鸟蛋，排列整齐挺好看。"《石榴娃娃》："石榴娃娃脸儿圆，嘴巴笑得弯又弯弯又弯，露出了粉嘟嘟的小呀小脸蛋，好像珍珠光闪闪光闪闪。"《马兰花》："一把镰刀一个筐，我采马兰上山冈，马兰花儿甜，马兰花儿香，小羊吃了不找娘。"这些歌曲不仅形象生动，歌词也清晰具体，适合宝宝记忆。

器乐曲有相应的标题，音乐形象鲜明，也能帮助记忆。如：《小鼓乐队》模拟打鼓吹号声；《庆丰收》中葫芦丝仿佛吹奏出了丰收时节，欢乐、祥和的氛围；《赛马》为二胡独奏曲，描写了内蒙古人民节日赛马的热烈景象；《胜利》是由两把小提琴、一把中提琴和一把大提琴组合而成的提琴协奏曲，根据《塞维利亚理发师》序曲改编而成，是古典与现代的完美结合。

3岁以上的孩子通常已经准备好要听有连续性的故事了，如：《拔萝卜的故事》：萝卜长得太大了，老爷爷没办法独自拔起来，所以一个接一个地请了奶奶、孙子、狗、猫，最后还请了老鼠，大家一起合力才把大萝卜拔起来。《钓鱼的故事》：一年一度的森林运动会又开始了，小熊和小狐狸比赛钓鱼，可是小狐狸耍小聪明，虽然他桶里的鱼很多，但猫裁判却判它输了，这是怎么回事呢？《好奇的小火车》：小火车一直住在铁轨上，他很想到别的地方去看看。他来到公路上，招呼人们来坐火车，人们从来没有在公路上坐过火车，就都跑来乘坐了。小火车载着人们走过田野、走过小河……看见了很多以前没见过的东西，玩得可开心了。

三、4~6 岁孩子听的内容

4~5 岁孩子已经能够欣赏内容广泛、性质风格多样的作品，能区别音乐中有明显力度和速度变化，尤其是鲜明对比的音乐。例如《我向党来唱支歌》："幸福生活您带来哎，祖国的孩子呀多快乐呀多快乐。赛罗赛，赛罗赛；我们在您的怀抱里，您在我们的心窝窝。"《海那边》："听爷爷说海那边有条船，那船上有一座阿里山，我真想送它一双桨呀，让它早早划到我身边。"《沐浴在阳光下》："太阳给大地迎来一个早晨，天边飘起朵朵金色彩云，我们沐浴在阳光下，就像那彩云美丽又迷人。"等等。

这个年龄的孩子喜欢的故事类别也稍微复杂一些，但整体而言，感觉多是快乐、少烦恼或争战的，四岁或刚满五岁的孩子很喜欢这类故事。比如《三只小猪》，三只小猪对自己造的房子都非常有信心，可是最后只有一只小猪靠勤劳和智慧打倒了狡猾的大灰狼！所以做什么事情都要认真扎实，不要偷懒。《七只乌鸦》："从前有对夫妻，生了七个儿子，后来又生了一个女孩。有一次，七兄弟一起去为小妹打水洗澡，全都被变成了乌鸦。"《樱桃树》："小华盛顿得到了一把银光闪闪的斧头，可是他一不小心斧头砍断了父亲最喜欢的樱桃树，他怕父亲批评他，就把小樱桃树遮盖了起来，第二天，父亲发现了，小华盛顿会怎么做呢？"《猎狗与野兔》："猎人带着猎狗去打猎。猎狗发现了一只野兔，拼命追赶，结果如何呢？"等等。

到了6岁，孩子已经懂得音乐作品是表达一定思想内容的，因而能正确地辨认音乐作品的情绪，感知其细微之处。六岁儿童能够初步掌握音乐表现手段，能辨认速度力度及音区的变化，他们辨认乐曲结构的能力也加强了。

6岁孩子记忆能力提高了，审美能力也提高了，能明确表示自已喜欢或不喜欢的音乐作品，能说“我喜欢”、“我不喜欢”。所以应该听些如《白鹭飞回红树林》：“从小生在南方的海，我从远方飞回来，飞过八千八百里呀，我看见红树林招手轻轻地摆。”《小号手之歌》：“军号嗒嗒嗒吹，来了游击队。革命红旗迎风舞呀，奋勇杀白匪。嘀嘀嘀嗒，嘀嘀嘀嗒，奋勇杀白匪。”《拾稻穗的小姑娘》：“赤脚走在田埂上，头上插朵野菊花，手臂上挽着小竹筐，山歌儿悠悠，小辫儿晃晃，走来了小姑娘，小手拾起金稻穗。”等等。

五六岁的孩子，喜欢故事有更多的细节、更多的挑战。其中的主角，通常在他们的世界开始之时即被赋予了一个起码的任务，虽然他们遭遇困难、障碍，但最后通过不断的努力还是获得了胜利。这类故事包括：《青蛙王子》（一个可恶的巫婆用魔咒把王子变成了一只青蛙，从此，王子便日夜等待着前来拯救他的公主的到来。）《小红帽》《白雪公主和七个矮人》《依卜和小克丽斯玎》（三颗装载着希望和预言的榛子，改变了他们的命运，可是真的改变了吗？如果你不懂得珍惜你所拥有的，那么你会失去一切）、《波尔格龙的主教和他的亲族》（波尔格龙的主教权势很大，他的欲望永无止境。他霸占亲族的财产，驱逐寡妇。最终，罪恶的主教在教堂得到了应有的下场）。

4～6岁的孩子还有一个不错的选择就是儿童广播剧。儿童广播剧是以广播器材为媒介，主要通过人物对话和音乐、音响效果等艺术手段去创造听觉形象、展开剧情、刻画人物、陶冶性情的戏剧形式。

虽是听觉艺术，但也有其独特的优势，它可以让孩子们具有更广阔的想象空间，不受屏幕、舞台现场限制，只凭借神奇的语言和声音，展开想象的羽翼，体味剧中意境。一些耳熟能详的童话改编成的童话剧，如《爱丽丝漫游奇境记》《木偶奇遇记》《白雪公主》等，相信孩子听后一定会爱上它们的！

教子箴言

作为一个全面发展的人，需要以音乐为手段，培养心灵的美感。对儿童进行音乐智能的培养，能够锻炼其对音乐的兴趣和欣赏能力，陶冶情感，激发创造性，以达到身心健康和谐的发展。

学习音乐需要先天素质吗

除去一些先天有缺陷的孩子外，我们说绝大部分孩子都能够学习音乐。但是音乐既然是一门艺术，它就和体育、美术、文学等一样，要想学好它是需要一定的先天素质的，也就是我们常说的“天赋”。

首先，学习其他学科的能力对于学音乐的孩子来说是不可缺少的，如：智商、记忆力、理解能力、反应能力、表达能力、思维能力等。其次最重要的是“爱好音乐”。这里所说的“爱好”是指孩子的先天性格与这门艺术能有所沟通和融合、产生共鸣。

爱好这门艺术，对它感兴趣，学习就成了很愉快的事情，其他的素质如有欠缺也容易在后天得到培养和提高。音乐艺术是一种能使人的思想感情进行交流和表达的艺术，如果孩子天生就不喜欢这种艺术形式，他又如何能很好地理解和进行表达呢？对音乐感兴趣、爱好音乐的孩子，往往对音乐比较敏感，他的内心感觉与音乐能产生共鸣，他的听音感觉、节奏感觉和音乐记忆能力也就比较好。

“听音”包括对音高（也就是振动频率）的准确辨别、对音质音色（泛指不同强度产生的音质变化或不同发声体所发声音的特性）的辨别、对和声（若干音同时发响）效果的辨别等。“节奏”包括分辨声音的强弱（轻重）、速度（快慢）、节拍（拍子的规律性）等。音乐记忆能力则包括对旋律的记忆和对节奏的记忆等。

此外，学习不同的学科还有一些不同的生理条件的要求，譬如说：学习声乐要求嗓音洪亮、音域宽、音色甜美；学习弦乐器、键盘乐器要求手长得大些、手形匀称、手指灵活；学习管乐器要求肺活量大，嘴唇、舌头、牙齿活动灵活、无缺陷等。

先天的素质能力是能够在后天得到培养和提高的，诱导、启发、环境熏陶、学习锻炼都能有效地提高素质能力。我们平常所说的“五音不全”的人是有的，这样的素质是不适合学习音乐的，但真正是先天造成这种情况的并不多，不应该过于考虑先天素质而放松了后天培养，不少人到了年龄较大还会有“茅塞顿开”的现象出现而产生新的飞跃。音乐学习中有一门很重要的课程叫“视唱练耳”，这门课要从小学上到大学，而这门课的主要目的就是为了不断地提高学生的音乐素质。

很多孩子从咿呀学语的时候就已经透露出种种灵气，父母如果有心想让孩子学音乐，这时候就可以开始注意孩子天赋的表现：孩子在听到音乐的时候音乐对他的注意力有什么影响，再大一点时会不会跟随音乐的感情和节拍做出一些动作，还可以给他一些启发。

例如在低沉节奏笨重的音乐伴奏下教他模仿狗熊、大象的动作，在快速活泼的音乐伴奏下教他模仿小鸟、小兔子的动作来观察他的兴趣和反应。到了三四岁就可以请老师来帮你测试一下了：教他唱歌看发音能否很准、节奏强弱的模仿如何、记忆音乐的长度能力如何，敲击一些简单的节奏如附点、切分、前十六音符、后十六音符来让他模仿，等等。到六七岁时可以用钢琴让他听、唱，辨别音高、双音、和弦来测试他的分辨力和记忆力。

耐心细致的观察和培养可以及早了解孩子的兴趣和能力，以避免造成“埋没天才”或“强按牛头不喝水”。俗话说“千里马好找，伯乐难寻”，而家长和老师，尤其是家长才是能发现孩子天才的“伯乐”。

我们应该清醒地认识到世界上的音乐爱好者可能有几十亿，但音乐家却相对少得多，这说明造就一个音乐家是需要很多条件的，有时候我们花费了很大的努力还是没能成功。

因此，家长在决定孩子是否学音乐时就应该先深刻地了解自己的孩子是否适合学音乐，如果孩子从小表现出卓越的音乐天赋，就要尽最大的努力来培养他成为一个音乐家；如果表现一般，也应该尽量创造机会让他学，将来即便不能成为专业音乐家，也许还能成为业余音乐家或杰出的音乐爱好者。

教子箴言

爱好一门艺术，对它感兴趣，学习就成了很愉快的事情，其他的素质如有欠缺也容易在后天得到培养和提高。音乐艺术是能使人的思想感情进行交流和表达的艺术，学习其他学科的能力对于学音乐的孩子来说也是不可缺少的。

孩子从几岁开始学音乐合适

很多家长望子成龙心切，总觉得孩子学东西越早越好，他们盼望看到“神童”出现在自己家里，这种心情是可以理解的，但是我们觉得还是应该科学地来对待这个问题。

音乐教育家们口中常说“学音乐的孩子没有童年”，也就是说学习音乐是个艰苦的学习过程。贪玩、活泼好动是孩子的天性，试想一下别人家的小朋友们都在外面跑、跳、捉迷藏、做游戏，而学琴的孩子要被关在家里练琴；假期里别人家的小朋友们跟大人上公园、走亲戚，而学琴的孩子要去上课，这些无疑像给一匹活泼的小马拴上了缰绳。一旦大人急躁起来，说不定还会为了学琴挨骂甚至挨打，这必然会给孩子造成心理上的不平衡甚至抵触。另外从孩子头脑发育的过程上来看，三四岁的孩子学一年的东西，可能八九岁的孩子一个月就能掌握，大部分学科只要不是开始得太晚，一般不存在跟不上课程的问题。

由此看来，过早地给孩子加压是没有必要的，它可能会影响到孩子的性格发育和其他方面的学习发展，不如早期多让他听一些音乐，看一些艺术表演，多教他唱歌、跳舞来感受音乐的熏陶，把他的生活和音乐紧密联系起来，以增强他对音乐的兴趣和提高他的音乐素质。

那么孩子在什么年龄学习音乐最好，怎样根据年龄选择学习项目呢?

1. 因身体、手指机能的需要，有些讲究“童子功”项目的需要早学。如钢琴、小提琴，舞蹈，某些杂技、艺术体操或某些体育竞技项目等必须赶早在三四岁开始，否则年龄大了再学，机能会差些，在竞技比赛项目中会输在起跑线上。

2. 有些项目因历史文化沉淀的差异，需要十几年的学习才能达到基本技术（钢琴、小提琴），而某些项目如中国的国乐（二胡、竹笛、古筝）等可能5年的时间就能够很好地掌握它的基本技术了。

我们算个账，一般学生读完初中（因为高考）就停止艺术类培训学习了，从小学一年级到初三正好8~9年，学民乐（二胡、竹笛、古筝、琵琶、扬琴）等正好出成绩，如果学习钢琴、小提琴、大提琴就必须从4~5岁开始到初三，12年才能出成绩。

3. 有些项目不是一定要早学的，如木管类乐器（黑管、双簧、长笛、大管等）、铜管类乐器乐器（小号、大号、圆号）等太小学，气不够，没法学。一般都在初中前后学为益。

4. 如果你的定位不是搞专业的话，那什么时候学什么专业都无所谓，如美术、书法、棋类、体育中的球类等。

5. 要注意分析有些项目是需要回家做作业的A类（钢琴、小提琴等部分乐器），有些项目是不需要回家做作业的B类（如球类、棋类、游泳、舞蹈、跆拳道、武术、语言表演类）。一般家庭经济条件好的都会选择孩子同时学几样专业。

但要注意A类之间不要同时学，要和其他没有回家做作业的B类搭配来学。A类项目是需要回家做作业的，有压力，但能锻炼人的毅力和克服困难的能力，对孩子的成长有很大帮助。

教子箴言

父母对孩子要求不能过高，如果超越了孩子发展的速度和限度，将适得其反，不仅扼杀了孩子对音乐的兴趣，还可能压抑孩子的个性。缺乏兴趣的技巧训练可能会让孩子对音乐感觉乏味。

怎样保持孩子对音乐的学习兴趣

小孩子的兴趣是广泛但不稳定的，他们看到什么都感兴趣，都想学，但是往往一段时间后就放弃了，一定要让孩子对某项学习的兴趣贯穿他的整个学习过程，一旦失去兴趣他的学习就成了痛苦的事情，所以引导他入门并保持他的学习兴趣是能让他坚持学习的重要环节。

环境的熏陶对孩子的影响很大，经常让他听一些经典的音乐作品和看一些文艺演出会对他很有好处。

学龄前的孩子可以让他开始听、唱一些儿歌，随着音乐跳一些简单的舞蹈，逐步欣赏一些写实、有情节的音乐作品并开始认识和了解乐器。让孩子听一些音乐故事，例如《丑小鸭》《灰姑娘》，我国的交响乐作品《龟兔赛跑》，苏联作曲家普洛科菲耶夫的交响童话《彼得与狼》等音乐作品并把故事讲给他听，在电视转播“新年音乐会”时让他看看各种乐器的演奏并教他认识这些乐器，认识以后再教给其他小朋友等，这些做法都不难做到，而且可以加强他的兴趣，引导他入门。

初学乐器之前或未能确定孩子学什么乐器之前，如果有条件可以让孩子先学一个阶段键盘乐器，多听一些键盘乐器的发音（因为它有标准的音高），认识、了解键盘对学习其他任何乐器都是有益的。

孩子长大一些后要逐步培养他的欣赏能力和扩大知识范围，除了他自己所学乐器的音乐作品外，还要让他接触和了解其他各种乐器的音乐作品，并尽量多听一些交响乐作品，让他有从“点”、“线”到“面”的感觉。

孩子无论选学了什么乐器也只是单独的一种乐器，它的表现力都有很大的局限性，例如钢琴发出的声音是“点”、弦乐器和管乐器发出的声音是“线”。单独演奏都无法构成有丰富色彩和浓厚层次的画面，只有交响乐是由木管乐器组、铜管乐器组、弦乐器组、打击乐器组多种乐器组成而构成的有丰富色彩和浓厚层次的画面，所以扩大他的欣赏能力和知识范围才能让他学得有兴趣，有深度和广度。

我国著名钢琴家殷承宗先生在给学生上钢琴课时就启发学生对所弹的乐曲做一个构想：如果把这首乐曲改编成管弦乐曲应该怎样做？什么地方用什么乐器来演奏？然后把钢琴当作管弦乐队来演奏，这样才能把作品演奏得有血有肉、丰富多彩，而要做到这一步的前提就是要能了解、懂得、欣赏交响乐。

对于学习西洋乐器的孩子也要让他接触和欣赏一些中国民族音乐作品，同样对于学习中国民族乐器的孩子也要让他接触和欣赏一些外国音乐作品，尽量请老师给他们进行讲解。

孩子掌握了一定的演奏技巧后要适当地给他创造机会参加演出，学习独奏乐器的要创造更多的机会，并适当地排一些重奏、合奏曲目。艺术实践也会给孩子一些压力，孩子们都有争强好胜的心理，在众人面前表演会使他更加努力，让他把作品演奏得更完美、理解得更深刻，同时也锻炼他的意志——敢于展现自己，不“怯场”。

孩子到了十岁以后知识接受能力加快了，在学琴过程中应适当加上音乐理论基础知识，当然要一次讲一点点，循序渐进、由浅入深。

例如在教识谱时给他讲清楚各种符号、音乐术语的含义和作用，教音阶时给他讲讲调式、调性和音程，教和弦时讲讲和声功能和进行规律，教乐曲时讲讲曲式（二段体、三段体……）及一些常见典型曲式（回旋曲、圆舞曲、小步舞曲、波尔卡、加伏特……）的起源、特征，讲音乐处理时教给他处理强、弱、乐句高点的规律，等等。

在教演奏技巧时也应与年龄小时有所区别，即不但要告诉他“这样做”，还要告诉他为什么要“这样做”、怎样才能做到“这样做”。孩子这时候才能理解音乐是“科学”而不是“玩”，我们也只有这样才能培养“音乐家”而不是“音乐工匠”。有人认为孩子还小听不懂，其实不然，孩子的头脑像巨大的海绵，能吸取无穷无尽的知识，即便当时不懂但他作为一件新事物放到脑海里再遇到时就会去进一步领会，终究会懂的。

上初中以后的孩子有条件则应该加上视唱练耳课。

孩子的兴趣是不稳定的，有时贪玩、烦躁或被另一件他觉得更有趣的事吸引了这都很正常，家长和老师不能没耐心，尤其是已经学了相当一段时间的孩子，一定要坚持，不要轻易放弃，要鼓励、诱导他渡过难关，往往困难的坚持之后是巨大的收获。

当文化课和音乐课发生冲突时音乐课给文化课让路是理所应当的，但应尽快利用假期补回来，断断续续地学习会造成事倍功半的效果。

孩子的课程内容应该多样化，古今中外的音乐作品都要接触，课程进度应该有松有紧，不应长期进行枯燥的技术磨炼，一段时间可以“拔高”一下，选取“踮起脚尖够得着”的课程来让他完成，让他经过一番努力后得到收获的喜悦。

孩子练琴的时间要合理掌握，过长容易引起他的烦躁和反感，认真而耐心的短时间练习比烦躁而敷衍了事的长时间练习效果好得多。只要是认真地练，学龄前儿童每天 20～40 分钟、小学生每天 40～60 分钟就可以收到很好的效果。

打、骂、训斥、挖苦、嘲笑、羞辱是打击孩子学习兴趣和破坏孩子音乐表现力的刽子手，这种做法是绝不可取的。

教子箴言

每个人都有音乐潜能，早期音乐体验质量决定孩子音乐潜能发挥的程度，因此对孩子进行正确的音乐教育是关键。良好的感官经验为他们奠定了牢固的听觉基础，让音乐成为孩子一生的一个高雅情趣和人生修养的一部分。

第五章

美术是心灵成长的镜子

儿童总是会用一双好奇的眼睛去认识、观察世界，能通过稚嫩的小手表现在画面中，透出了一种细腻的感情及强烈的认识和欲望。美术教育作为现代社会需求的全面发展的人应具备的基本的艺术素质的一种有效培养手段，是把美术作为教育的媒介，开发学生智力、培养学生感情和发展学生能力的教育。同时，美术教育在培养人的道德修养、审美情趣和创新精神等艺术素质方面，又有着其他学科教育不可替代的作用。美术教育是为孩子提供发现美、认识美、展现美和创造美的机会。

什么是美术

美术是艺术的种类之一，它和人类社会有着密切的关系，美术创造是人类文明发展的重要而鲜明的标志之一。在现代社会，美术更是渗透到日常生活的方方面面，满足着人们日益提高的物质生活和精神生活的需要。

在古代，无论东方或西方，都只有“工艺”、“手艺”这样的概念。在中国古籍中只有“绘缋之事”、“刻削之道”、“刻镂之术”、“锦绣文采”等工艺术语的运用，却未见类似“美术”这样的专门名词，这是因为人类的美感意识，是首先从满足生存需求的工艺品萌生的。

人类的祖先遗留给后代的最原始的艺术品是工艺美术，考古发掘的大量文物，可以证明人类在谋求自身的发展中，对于美的感受力的敏捷和对于美的创造欲的执着是令后人惊叹的。美术起源于制作劳动工具和实用产品，人类在劳动中创造美的事物，同时发展了审美意识。美的构想欲望随着人脑的日益发达逐渐进入自觉的境地。

早在旧石器时代后期，已经可以看到原始人的审美需求，他们已经能够制作美的装饰品装饰自己，有宗教的或求偶的目的，这和美术起源也有关系。

美术这个专门名词，最早在中国出现是 1904 年，并在社会上迅速地得到认同与伸延。随之而来的是现代美术教育在中国的兴起，中国现代高等美术教育经过近百年的发展已成为国家正规教育的一个重要方面。“美术”这一学科名称，在中国已存在和使用了一百年。

作为一个专门学科，无论是正式的书面表达还是口头表达，在中国都明确指向视觉艺术或造型艺术，具体包括绘画、雕塑、建筑和工艺四大门类。

这已经是家喻户晓和熟练使用的词语和概念。

它源于古罗马的拉丁文“art”，原义是指相对于“自然造化”的“人工技艺”，泛指各种用手工制作的艺术品以及文学、戏剧、音乐等，广义的还包括拳术、魔术、医学等。中国古代所谓“百工技艺”，也包括同样广阔的范围。

起初，艺术和美术的含义是相同的。中国的文艺界、教育界把“美术”和“艺术”的概念逐渐区分开来。“艺术”是一切艺术门类的总称，它是用不同的形象化手段来反映自然和表达社会意识的一门大学科，广义上包括文学、音乐，也包括建筑和园林等。综合性艺术有戏剧、电影、曲艺、杂技等，它们不同程度地利用美术，有的和美术密切结合。

“美术”作为“艺术”的一个门类，必然与姊妹艺术有共性，但它的艺术形态具有鲜明的特征。它和姊妹艺术结合时，极大地丰富了艺术表现力，在一定的社会发展条件下，美术甚至可以和科技相结合，派生出艺术新品种。

古今中外的美术品类丰富多彩，形态各异，千变万化。现代美术因受科技和工业生产的影响，新思潮不断涌现，前所未见的新样式、新品种层出不穷。美术要求发展个性，发展的总趋势是走向多元化，所以对它的共同特征难以作条理明晰的概述。

世界上的美术品类，按物质材料和制作方法来区分，大体上可分为绘画、雕塑、工艺美术、建筑艺术等几个大门类。绘画的品种又可分为中国画、油画、版画、水彩画、水粉画、粉笔画等。

艺术是一种个体性精神劳动，它具有鲜明的独特个性。与综合性艺术相比，美术创作的个体性更强。美术中的主题性绘画的个体性尤强，从选取素材、酝酿主题、运筹构图到刻画形象等过程，都是一手操办，不能假手于别人。虽然在整个创作过程中也会听到各方面的意见，但别人的见解只是参考，取舍还在自己。

所以，美术作品的表现形态，本质上是多样，而不是雷同。审美理想根据不同的审美对象，通过一系列的创作程序和个人的表达方式，形成各种美术风格和艺术流派。在这个领域里，美术家完全有个人创造性、个人爱好的广阔而自由的天地。

作为艺术的一个门类，美术也是建立在经济基础上的上层建筑，是一种社会意识形态。美术虽然和人类的其他活动形态很不一样，但是从本质上说，同样是人类把握世界、改造世界、创造世界的一种手段。它是艺术家在一定美学思想指导下对现实生活所表达的理想和意志的形象反映。

美术要利用各种物质材料创造立体的或平面的视觉形象，作为人们之间交流审美信息的手段，所以美术又称为“造型艺术”，一般来说它包括绘画、雕塑、工艺美术和建筑艺术等四大门类，但是从本质上来看，美术是一种精神意识创造的产品。如周代的《盂鼎》记录着周王赏赐给奴隶主土地、奴隶的铭文，它包含着象征奴隶主统治权力的观念。北京天坛的祈年殿是封建帝王举行祭礼的建筑，包含着祈求上天“赐予丰年”的信仰。罗丹的《思》塑造了一个非常年轻、秀美的女性头像，仿佛陷入无法摆脱社会束缚的沉思，周围萦绕着梦想的气氛，不具形的“思想”在静止的“物质”中吐放出来，就像罗丹自己说的：“形体表达内在的精神”，“一切都是思想”。由此可见，美术的本质就是一种意识形态，是通过服务于某些中介环节而从属于社会经济基础的上层建筑。

美术还是一种人类审美认识和审美创造的产物，它体现着社会的和个人的审美观念和理想。战国的《虎座鸟形鼓架》中的鸟就是神话中的灵鸟“凤”，传说它一出现就会“天下康宁”，完全是艺术构想出来的，但却是代表着中国民间传统审美观念的形象。

美术创作是个体性精神劳动，必然具有鲜明的独特个性。毕加索的《哭泣的女人》采用了立体主义的分解与组合手法，表现了战争给人类带来的痛苦与忧虑。凡·高的《星月夜》那动荡、闪烁的星空和景物表现出他独特的性格和骚动不安的潜意识活动。这些作品都表现出画家独特的认识、感情与个性。也正由于这一特点，历史上形成了各种各样的风格、样式和流派，从而可以满足人们复杂的审美要求。

美术又称空间艺术。西方的美术传统，基本上按物理学的观念，把长度、高度和深度称作“三维空间”。存在于现实空间的有纵深感的三维美，是雕塑和建筑之类立体造型形象产生生命和力度感的重要依据。在平面上表现三维美，是再现性具象绘画的真实感所不可缺少的重要依据之一。

空间艺术，通常被认为是一种不可能或不长于表现时间性的、凭借视觉来创作和感受的艺术。它的特点是长于具体描绘，塑造和刻画生活中或想象中的事物或情景，有明显的再现性和描摹性。它不随时光的流逝而消失，可长期存在于世上，除非受到外力的破坏和本身的朽蚀。

空间艺术在创作上也有弱点，特别对情节性绘画和雕塑造成了局限，例如独幅画只能表现一个瞬间的形象，这就难于从纵向展开事物和情节的发展。然而，正因有此局限，绘画创作便朝着形象的深层开掘，追求造型的凝练和运动感的凝聚，从而形成了绘画所独具的魅力。

绘画和雕塑的构图，常选择人物动作过程中某一生发性的瞬间，以加强力度感，并在欣赏心理上，造成动作起讫的越进效应，如画射箭引而不发，使空间艺术产生时间感觉，中西绘画和雕塑中都有这样的例子。凝练的人物形象之醇厚和深刻，绝不是瞬间印象所能摄取的；空间艺术形象的凝练和凝聚也意味着时间的浓缩。

事实上美术的领域比大多数人所认识的要广阔得多，美术在人类社会生活中的普遍性、深入性几乎存在于任何时间、空间中，只要人们一睁开眼睛就能看到美术的存在。由于爱美的天性，人类几乎把自己制造的所有东西都贴上“美术”的标签，使得美术就像空气或土壤一样存在于我们周围各处，无论我们注意还是没有注意到，它都真实地存在着。美术不仅仅是我们在博物馆或画廊中所见的。

从美术的广义说，只要人在行动中意识到视觉传达（即给别人看或别人要看的意识)，美术的性质就存在，从这个意义上说我们人人都是艺术家。人的审美意识天然地存在，意识本身就有审美的因素，美术是审美意识的产物；从狭义讲，美术是视觉艺术、造型艺术、空间艺术。

美术的宽阔领域如同人的视域所及所至，人对世界的理解也主要依赖于自己的视觉。人类需要美术是由于人的视觉在诸多感觉中是最贪婪的，人要看，要看好看的，这种欲望是任何力量都无法抑制和抵挡的。在人类行为这个特定领域里花费时间、精力和金钱我们在所不惜。人类生活需要美术，无论是阳春白雪的纯美术还是以实用为目的的工艺美术，甚或俚俗的民间美术。如果没有美术，世界将是什么样子？我们的生活将是什么样子？

教子箴言

美术是一种造型艺术。美术作品色彩协调，线条清晰，形象生动，有助于锻炼孩子的视觉，又能够发展孩子的观察力和艺术想象力。空间智能的展现，不只在字面上的简单含义，除了基本的空间能力，最珍贵的就是孩子无穷的想象世界及创造力。

美术对孩子成长的作用

有人认为孩子在幼儿时期有一定的绘画才能，将来长大了就一定能成为画家。其实小画家和大画家之间并没有直接的联系。幼儿时期画得相当出色的孩子，长大后真正成为美术工作者的并不多。

但是，许多医生、科学家、建筑师和画家的成才之路却常与儿时爱画画有着密切的联系。这是因为幼儿美术最大的特点就是发展了幼儿的创造性思维。在幼儿时期通过美术活动培养这种素质是非常有利的，为幼儿今后的成长打下了良好的基础。

儿童美术启蒙教育在孩子的成长过程中起到的作用是至关重要的，这一点早已被专家们所证实。美术教育是最具有培养人的潜在能力和综合素质的教育。它从抽象灵感的点燃，到创造性思维的自由表现，最大限度地开发了儿童的创造力。

也可以说，美术教育在培养孩子的发散性思维、感性思维、形象思维等思维活动方面对孩子的健康成长有着深远的影响，甚至还会影响到孩子的人生观、价值观。

美术教育有特定的内容与意义。它是从儿童的心理特征出发，通过绘画、设计、工艺制作等各种各样有趣的造型活动，培养儿童对美的感受力、想象力和创造力。

儿童美术教育把孩子们带到一个美的现实和美的精神世界里，既有造型美、色彩美，也有大自然的美、人们劳动创造的美。这一切会使儿童获得美的感受。儿童美感的产生源于儿童对生活、对周围事物的真挚、美好的情感。

美术能发展儿童美好的情感，提高他们的审美能力，陶冶他们的性情。审美功能是美术的最本质而又最普遍的功能，它使人在审美享受和审美愉悦中达到培养和发展美感，形成审美观念、审美理想和陶冶性情与人格的作用。

审美心理的基础是对人的本质力量的肯定。当我们惊叹于达·芬奇是如何捕捉住蒙娜丽莎容貌与内心的迷人魅力的时候，当我们佩服于我国先民是以何等巧妙的智慧创造出那优美而又寄寓着美好愿望的凤鸟形象的时候，或者是置身于具有深刻文化内涵的建筑环境中的时候，我们就会从这些美的创造中获取到全身心的审美满足和巨大的精神力量。

总体来说，美术的社会作用就在于它可以帮助孩子认识世界，陶冶情操，全面提高人的精神素质。

美术活动除了可以发展幼儿的创造性思维外，还可以培养幼儿敏锐的观察力、灵活的动手能力和初步的审美能力。孩子一旦形成了这种能力，就可以促进其他方面的学习，促进孩子的全面发展。

因此，不管孩子是否有美术天赋，也不管孩子长大后当不当画家，鼓励孩子参加美术活动，通过活动发展孩子的智力和能力，无论对孩子的今天还是将来都有好处。

儿童美术教育有利于儿童心智的发展，因为它是“视觉艺术”，能使得儿童脑、眼、手并用，因而它能促进儿童身心的成长发育。美术活动也有利于孩子思维能力和多方面能力的发展，利于发挥孩子的潜能与个性，培养孩子丰富的想象力和创造力。

教育专家认为，学习美术需要脑、眼、手并用，配合协调，天长日久，使人的大脑思维变得更加活跃。学习美术是由浅入深、由易到难的循序渐进的过程，孩子会从自己的点滴进步中增强自信心，因而也可促进其他学科成绩的提高。

学美术与学习文化课两者是不矛盾的。孩子们在紧张的文化课学习之余，画画画儿，写写毛笔字，做做手工，既能使自己的身心得到放松，又能从中得到欢愉和美的享受，这样不仅不会影响学习，还可以开发智力，促进其他学科成绩的提高。家长要正确处理好学习美术与学习文化课之间的关系，分清主次，合理安排好时间。有片面想法的家长应在关心孩子学习的同时，让孩子学学美术等艺术，提高孩子的素质，开阔孩子的眼界，陶冶孩子的情操。

美术，不仅仅是指绘画，它还包括雕塑、工艺美术和建筑艺术等。孩子通过美术课的学习，可以获得观察事物的形象、位置和人物形态、特征、精神面貌等方面的知识，了解和掌握绘画、雕塑、编织等方面的技能技巧。

由于美术具有运用线条、色彩来造型的艺术特点，因此，孩子通过美术课的学习还可以提高空间想象能力和获得制图的技能，这对孩子学习自然科学知识和今后从事科技工作是很有益的。掌握现代科学技术，例如认识微观世界的物质奥秘、宇宙太空的星体运行、错综复杂的机械结构，都需要丰富的空间想象能力和较高的制图能力。所以，孩子学好美术知识和技能，对于学习其他科学技术是很有帮助的。

由于重视“主科”，轻视“副科”思想的影响，孩子在课内课外学习美术知识的积极性受到抑制，这种情形应该加以改变。通过美术课的学习，孩子不仅能获得美术方面的知识和能力，而且其美术才能会因被赞扬、被认可而得到进一步发展，以至成为在将来的工作中能起重大作用的特长。

美术课的学习，可以提高孩子对自然美、社会生活美和艺术美的感受能力，帮助孩子树立正确的审美观点，培养对优秀造型艺术作品的欣赏能力，并且有利于孩子形成良好的道德情操。

在现代生活中很多事情都要大家在集体协作下来完成，人与人之间的协作关系已成为个人在事业上成败的关键。美术教育活动，对孩子协调与周围人的关系这方面，有着它的重要意义。

例如：在美术活动中工具的共用就充分促进了孩子之间的协作关系。在活动中投放绘画工具时，有意识地少投放一些，孩子为完成自己的意愿，就要与他人共用某些工具材料。这就要求小孩子必须协调好与其他人的关系：

既要共用工具，又要互相配合、互不干扰才能完成一个共同的目标。在美术活动中培养了孩子与周围人的关系，为孩子成为一个社会人，奠定了基础。

小孩子的画面中反映最多的是什么？是孩子眼中的世界，是孩子在生活中观察到的真、善、美、假、恶、丑。总之孩子的画面反映出的是孩子在生活中观察到的内容，是孩子了解社会生活的一种表现方式。绘画通过孩子对社会的观察反映，促使孩子由个性人发展成为完整的社会人。

例如：一个小孩子画了一幅《警察与小偷》的画面，画的内容是孩子在超市中看到的一个场景：一个小偷把手伸进了顾客的衣袋中，在小偷的后面站着一名警察，警察的手已经抓住了小偷的衣领，周围站了很多围观的人。孩子只有了解了社会，在观察社会生活中，发现真、善、美，批评假、恶、丑，学习做人的道理，才可能将自己有效地转为一个健康、健全的社会人。

孩子要成为一个社会人，就必须积极参与社会生活，才有可能由个体以最便捷的方式融于社会，美术活动也很好地为孩子提供了广泛地参与社会生活的机会。画展是个人参与社会的一种方式，是得到社会评价、社会反应的途径。孩子参观画展，也是孩子了解他人、参与评价、找到社会学习榜样、使自己成为一名社会成员的方法。例如孩子在参观了毕加索的画展后，就有了对毕加索的个人了解，有了对毕加索的评价，有了自己向往的榜样。

参加绘画比赛也是小孩子走向社会的极好途径。小孩子的美术作品，通过参加绘画比赛、绘画展示活动，把这种单纯的个人行为加入进了社会生活之中，可以在社会他人中得到评价，了解自己在社会生活中的行为以及为自己所带来的结果，使孩子在一种轻松愉快的方式中融入社会生活。美术教育活动为孩子提供了参与社会活动的广泛空间，这种空间更是一种很直观、很有效的社会或活动，对孩子由个体人转化成社会人起着举足轻重的作用。

美术有审美作用、认识作用、教育作用，这样的老生常谈已难以表述发展中的美术在视觉文化时代中的深刻性和独特性。事实上，美术的作用不止这些，至少可以说美术有改变人的形体的作用，甚或有锻炼儿童身体细部肌肉、增强身体的协调能力的作用等。

家长要爱护孩子学习美术的兴趣。对孩子的美术学习活动不要以“耽误学习”而“一棍子打死”，要善于发现孩子美术方面的才能，并且创造条件发展这种才能。对于孩子上美术课所需要的材料和工具，如笔、颜料、色盘、写生板、画纸、刻刀等，要积极帮助购买。还可买些美术方面的书籍和作品，扩大孩子的视野。

家长应要求孩子认真地上好美术课。课前要做好学习准备，带好课本和学习用具。课堂上要认真听讲，不做其他学科的作业，不随便讲话，不做小动作，按老师的要求认真做好美术作业。在完成习作的过程中，认真学习关于事物的形态、色彩、比例、位置以及透视缩影等方面的知识，提高表现和欣赏造型艺术美的能力。

美术是孩子表现自我、表达思想感情的一种特殊的语言。这种语言根植于小孩子的社会化情结中。美术教育在培养小孩子发展自我的同时，也发展了孩子与社会的关系，使孩子由个体的人成为社会的人。

美术教育，不单纯是绘画技能的训练，而是旨在育人；它不单纯是为培养艺术家，更重要的是培养德、智、体、美全面发展的一代创造型的新人。

教子箴言

从出生起，孩子便用他的眼睛开始了他生命中的空间探索之旅。在不受约束的情况下，孩子往往会在空间智能表现上出人意料，因为孩子眼中的世界是最纯真也最美丽的，孩子的奇思妙想正是孩子无穷想象力与创造力的表达。家长要给孩子一个自由的环境，不断地鼓励他，相信您的孩子会让您时时充满惊喜与感动。

如何培养幼儿的绘画兴趣

当今许多年轻父母，希望自己的孩子有美术方面的才能，能够涂涂抹抹，写写画画，甚至长大后成名成家。这种愿望是好的，然而一个孩子有无美术才能，能否沿着正确的轨道发展，其因素很多，除了遗传因素外，后天的环境和教育因素有着很重要的影响。

那么如何给孩子创造有利的环境，培养幼儿的绘画兴趣呢？

一般来说，具有美术才能的孩子，往往早期就有显露，3～4岁时，其美术才能表现为：

1. 求知欲强，好动好问，兴趣广泛，尤其爱涂涂抹抹。

2. 视觉感受和辨别能力较强，能分辨各种颜色，线条曲直、方圆等。

3. 观察事物较全面、细致、准确。

4. 具有丰富的想象力和创造力。

人的大脑神经细胞有各自的发育关键期，幼儿时期是培养幼儿各种兴趣的关键期，作为父母要紧紧抓住这个关键期加以培养。

古人云："师者，所以传道授业解惑也。"教师的教育在幼儿美术能力的发展过程中起着一定的引领作用，并影响幼儿绘画兴趣的发展。

那么什么样的老师才是好老师呢？一名好的美术老师要具备全新的教育理念、丰富的教育经验和恰当的教育方法，良好的仪表和美好的品行，有幽默感和广泛的兴趣爱好。教师具备了以上素质后，如何培养幼儿的绘画兴趣呢？

引导幼儿科学的学习方法，通过快乐的绘画学习培养幼儿的美术兴趣。

兴趣是最好的老师，也是儿童学画画的基础。教师的职责就在于保护和激发幼儿潜在的兴趣，充分调动幼儿的积极性。幼儿从事美术活动并不一定有什么实际目的和原因，也许不过是为了从中获得乐趣。例如，做泥饼并不能吃，画画也不是为了比赛。开始造型活动时，他们会遇到许多困难，画得很不像样，制作得很简陋，这些造型往往同孩子想描绘的对象很不相似，但家长必须尊重孩子，了解他们的意图，提出些具体的建议。如果亲人们对孩子的活动漠不关心，甚至表露出轻视的神情，指责说："画得多难看呀！""你在瞎搞些什么！"这会使孩子非常沮丧，大大挫伤他们的积极性。

有些孩子往往学习了一段时间便兴趣减弱，学习绘画甚至成了一些孩子的负担，见到绘画活动就喊"我不会画"。不能指望孩子一下子什么都学会，要善于发现孩子的点滴进步。有些儿童作品粗看并不怎么样，但仔细看，就会发现他们许多点滴的进步，如果对孩子说"你在这些地方画得真好，另一些地方再想一想，改得更好些"，他会更乐意接受，并提高学习的热情。其实孩子本性是热爱画画的，只是由于过去传统的重技能、重模仿等错误观念影响了孩子的学习热情。

怎样点燃幼儿学习绘画的火花呢？

引导幼儿掌握科学的学习方法，通过快乐的绘画学习培养幼儿的美术才能。孩子们生活在一个开放的高科技信息时代，在幼儿的美术活动中，还应考虑采取各种有趣的形式。例如，画孩子最感兴趣的故事，或电视、电影节目中的情景；在参观、散步时画观察对象；画画、剪剪、折折做成立体玩具；家长和孩子合作作画，或装饰实用纸盒等。如果总是让孩子坐在屋子里，用单调的工具材料画画，孩子会感到很乏味。

在接触的内容上应丰富多彩，除了规定的内容外，其他可自选。多出示表象，如各种人物及人物动态，动物、花鸟、山水、建筑；讲解民俗民风，观看优秀的动画片；在图书角放置充足的图书供幼儿观赏，进行人物、静物写生；在头脑中多储存形象，丰富头脑图库，观察图书中画面配色规律，多积累经验，运用水彩笔、油画棒、彩铅笔，有条件的可用计算机等各种可接受手段，使之形成一种开放的意识，塑造开放的人格。

黑格尔说：“说到本领，我认为最重要的艺术本领就是想象。”美术最重要的任务就是要激发引导幼儿的想象力。幼儿最大的乐趣在于幻想，每一个孩子都有一颗充满幻想神奇世界的心灵。所以美术能力培养应着眼于童心的释放，鼓励孩子好奇心的张扬。

绘画作为美术活动的一部分，是一种视觉艺术，是手、眼、脑共同参与的活动，传统的艺术教育以灌输、临摹和写生为主，往往会使幼儿认为：只有教师灌输的东西才是正确的，一旦离开了这些东西，他们就无能为力，更谈不上自由创作，反而捆绑了自己，幼儿的学习被控制在“你说我听，你示范我模仿”的被动接受过程中，幼儿的学习主动性、积极性被冷落。那么如何培养幼儿的创造性思维呢?

幼儿美术活动应该以幼儿为本，注重活动前的体验，让幼儿在实地、实物、实景、实情中体验情感，发现环境、生活和艺术的美，并在此基础上培养幼儿的感受力。要创造条件与机会，为幼儿学习提供环境。应充分理解和尊重幼儿的兴趣和爱好，更多地给予幼儿空间，让他们有机会与条件进行探索、实践。

爱因斯坦也认为：“想象力比知识更重要，因为知识是有限的，而想象才概括了世界上的一切，推动着社会进步，并且是知识进化的源泉。”所以培养幼儿的想象力，还应将美术活动与其他学科结合起来，在综合教育活动中，让孩子展开想象的翅膀，自由自在、无拘无束地飞翔。

打开了幼儿的思维想象之门，促进了创造性思维的发展，父母要创造条件让孩子在绘画这块天空上，尽情地展开想象，让美术教育成为每个幼儿开启智慧的钥匙!

教子箴言

培养幼儿的创造性思维以及激发幼儿的绘画兴趣。兴趣是一种非智力因素，却是发展幼儿智力的重要条件，是幼儿求知的动力，是学习的最好老师。

非智力因素对美术才能的影响

所谓美术才能指儿童对形象中的线条、明暗、结构、色彩等方面引起情绪变化的感受，并具有美术某一方面的特殊才能如绘画、泥塑、雕刻、折叠等。那么除了儿童本身的兴趣、智力因素外，还有什么在影响着他们的美术才能呢？这是家长培养孩子的美术才能不可不知的关键点。

美术是孩子从事造型、欣赏艺术的活动，孩子的美术作品再现了他们对周围事物的印象，表达了他们的愿望和审美追求。儿童画是幼稚的、荒诞可爱的，不是艺术，外在表象又与原始艺术、西方现代艺术之间存在着许多的共同之处。儿童画带有自由性、梦幻性、率真性，不仅是原始艺术的特征，而且是西方艺术大师梦寐以求的。孩子的美术创造是受多种因素影响的。

一、儿童美术才能与本身素质

儿童美术才能受遗传素质的影响，这种影响，早在胚胎发育过程中就已决定了。有人曾先后调查了20多户有艺术才能的家庭，发现他们的子女48%有艺术才能，而75户无艺术才能的家庭，其子女只有20%有艺术才能。

从这里可以看出，遗传素质仅仅为儿童美术才能的发展提供了可能性。但美术才能的形成必须通过环境和教育的良好影响，所以家长及时发现和培养儿童的美术能力非常重要。

1. 孩子创作的情绪、情感对作品的影响

幼儿美术创造是在脱离眼前事物的情况下进行的，创造的基础是大量的观察、多次的感知和丰富的经验。但它们却不是孩子进行创造的动力所在。因为当孩子在感知某一件物品或事情时，与之相伴的情绪和情感，会一同储存到他们的记忆库里，当这些情绪、情感延续或再度被唤起时，孩子才会有再现他们对周围事物的渴望。

对孩子来说，由对象激起的有关情绪和情感的强度适中有利于他们进入美术活动。情绪、情感过于强烈或过于微弱都是不利的。过于强烈时，孩子会倾向于操作物体；过于微弱时，孩子会反应冷淡，不感兴趣。

2. 知觉力的强弱对作品的影响

知觉力的强弱、敏感程度和个人的知觉品质影响着一个人美术作品的效果。一个对色彩敏感的孩子会将画面描绘得色彩斑斓，富有装饰味道。

有一个孩子平时总是喜欢多彩的东西，但颜色不是完全鲜艳、美丽。如：很多种颜色的布、围巾等。他在进行绘画的时候，总会涂上很多不同的颜色，其中不仅仅包括鲜艳的色彩，也有灰暗的、深色的，当然他的作品就多彩多姿。而另外一个孩子就恰恰相反，她喜欢的颜色就比较单一，如：红色、粉色、橘红色的整体色块。那么当她进行绘画涂色时，颜色就会很单一，只有单一的红色或粉色。

知觉力的强弱还包括很多。一个对事物形色很留心、观察力又强的孩子画出的画形象总是完整的、入微的；一个空间感很强的孩子将长于造型的构图。凡此种种，说明知觉力的强弱对孩子的美术创造有着不可低估的作用。

3. 视觉经验是美术形象的来源

在美术创造活动中，感知主要指视知觉，也就是说孩子通过观看获得关于事物的视觉经验，这是美术创造中形象的来源。

一幅作品，无论是再现某件事物的，还是高度抽象的，都包含着最基本的视觉经验。如：孩子画一只小鸟、一个橘子、一只小猫，这些东西都是他曾经见过的。如果在没有见过实物与图片的情况下让他去画一样东西，是根本无法创作的，即使是一幅想象性的作品，比如曾经带孩子绘画过的《未来的马路》，画中的部分汽车、高楼、道路还有桥梁，也都是孩子见到过的。没有一定的视觉经验，进行美术创造是不可想象的。

二、儿童美术才能与家庭教育环境

良好的家庭教育环境是儿童美术才能形成的重要因素之一，早期教育尤为显著。意大利艺术巨匠达·芬奇、拉斐尔等之所以成为世界著名大师，是与他们从小受过良好的美术教育分不开的。

父母是孩子的第一任老师。从一些美术家的家庭教育环境的影响来看，他们的家长都具有以下特点：较高的美术素养和良好的文化修养；重视早期美术熏陶和教育；善于言传身教；注意孩子性格及品德的修养；尽力为孩子创造良好的学习环境和条件；寻求造诣较高的教师并注意与其配合。

三、儿童美术才能与好教师的作用

教师的教育在儿童美术能力的发展过程中起着一定的主导作用，并影响和决定了儿童美术才能的发展。

有人统计，儿童美术教育中的智力开发取决于接受教育的年龄：从 2 ~4 岁开始训练受教育的人 91% 有丰富的想象力和创造能力，4 ~6 岁为 84%，7 ~9 岁为 40%，14 岁后才开始训练的只占 7.2%。

由此可见，良好的有系统地对儿童进行美术教育，可以促使儿童美术才能的发展。所以为了培养孩子的美术才能，家长一开始就应为孩子找一位好教师，应有丰富的美术教育经验和方法、相应的知识及传授这些知识的能力，循循善诱的态度，良好的仪表和美好的品行，有幽默感和广泛的兴趣和爱好。

通过以上诸因素的分析，可以看出儿童美术才能形成的全部过程中，遗传素质、环境和教育的影响及个人的主观努力是一个有机的不可分割的整体，缺一不可。同时这些因素在一定条件下相互转化，相互促进，相互补充。希望更多的家长为孩子的未来着想，努力去寻求发现，并点燃孩子们美术才能的火花，使之放热发光。

教子箴言

儿童的学习活动，不仅要具有吸引力和趣味性，更重要的是要培养儿童的坚韧性和克服困难的精神，使他们经常保持勤奋向上的情绪和刻苦学习的积极性，这样才能不断前进。因此，家长抓儿童智力发展，要注意培养儿童认真、负责、刻苦学习的态度，不断激发儿童的求知欲和探索精神。

绘画与智力开发

美国美术教育家罗恩菲德认为：儿童绘画是儿童心智成长的一种反映。用绘画启蒙儿童的智力发展，是十分有效的教育手段，每个孩子都应该在早期及时接受绘画教育。

用绘画的形式，开发儿童的智力，让他们在形象直观的感觉中，认识现实的理性世界，从而提高他们的心智能力，意义极大，这已被越来越多的社会学家、美术教育工作者以及家长所认同，在课外教育中占有重要的地位。

智力，指的是记忆、观察、想象、思考、判断等的综合能力，是人们认识理解客观事物及解决问题的能力。由于儿童的生理和心理特征，尚不具备用逻辑思维去把握客观事物的内在联系的能力，因此，借助于绘画的手段，用直观的形象、鲜明的色彩、丰富的想象、合理的布局来调动孩子们的审美意识，认识纷繁复杂的客观世界，这是摆在美术教育工作者面前的一大任务。

严格地讲，课外美术教育，并不是把所有的孩子都培养成为“小画家”、“小艺术家”。他们当中的绝大多数人，由于诸多原因，一段时间后可能会中断美术学习。当然，不排除其中一些儿童爱上美术，并立志以此成为他们的毕生追求。不管他们是否坚持学下去，学画的过程，就是一个智力培养的过程。

孩子们感知、认识客观事物，运用一定的技法，依据一定的美学原理，用稚嫩的双手描绘美好的生活和美好的明天，这些，无疑会对孩子们健康的成长、智力的成熟起到潜移默化的积极作用。美与丑、光明与黑暗、简单与复杂、生动与呆板，通过绘画，在他们的心灵上慢慢有了清醒的认识，有了明确的界定，促使他们追求美好的世界。

以往，人们一直认为绘画与儿童智力发展毫无联系，把孩子们那些“胡涂乱抹”之作视之为一种恶作剧的游戏。其实，绘画在成年人眼里固然是艺术，但对学画的儿童来说则是一种强烈的自我表现方法。

孩子们是将绘画作为一种创造活动、一种自我发展过程来进行的。所以，无须外界（父母、老师等）的过多压力，他们就能主动、独立地以这种方式表达自己的思想。当孩子摇头说“我不会画”时，一般多是其父母用自身的审美观强制教育造成的恶果。做父母的应当把孩子（无论他的年龄大小）看成一个独立的个体，他们的绘画反映了自身思想、情趣、爱好以及对自己和对社会的认识程度。

父母的任务主要是千方百计地启发、诱导孩子的创作灵感，帮助他们发挥运用这种灵感。当孩子作画时，站在一旁的父母，不要喋喋不休地告诉他们怎么画、如何着色，而应协助他自由探索，任意发挥。

很多儿童喜爱画画。孩子对大千世界充满好奇感，觉得看到的许多事物都很有意思，充满趣味。他们看到飞机能在空中飞行，看到鲜花盛开在绿叶中间，看到蚂蚁在地上忙碌地搬家……多么可爱的世界！于是小朋友们尝试着画下来再点上颜色，这就是对客观世界最初的艺术表现。

视觉是人的五官之首，是心灵之窗。儿童认识世界始终围绕着视觉形象进行，画画也正是这样。首先观察景物的形态、色彩、结构、比例等因素，再加以艺术的描绘，把客观景物画出来，这样反复实践就提高了儿童的综合能力。

很多人把幼儿绘画看作是一种单纯的技能训练，重结果轻过程，忽视了绘画过程对智力开发的作用。孩子画好一幅画，不是简单的手和眼参加的活动。整个绘画过程需要孩子用眼睛去观察，用头脑去思维、想象，再动手画出来。这个过程不但培养了孩子的观察力、记忆力、想象力、注意力等智力因素，同时也提高了孩子的手、眼协调能力。绘画过程其实就是全面智力开发的过程，是智力开发的一种有效的手段。

1. 绘画可以培养幼儿的观察能力

众所周知，绘画的第一步是观察，没有对生活深入细致的观察就没有绘画。观察是幼儿绘画创作的源泉。孩子通过老师长期有计划、有目的的观察指导，学会并掌握了观察的方法步骤，他们在以后的学习生活中都会受益匪浅。如：“猫”，老师让孩子从头到尾去观察。头是什么形状？（圆形）身体是什么形状？（长方形）有几条腿？（四条腿）主要特征是什么？（尖尖的耳朵，长尾巴）并用同样的方法去观察牛、狗、熊猫等。

久而久之，孩子不但掌握了这种从上到下、抓主要特征的观察方法，也提高了观察能力。以后无论孩子在何时何地看到类似的动物，他们都可以用这种方法去观察、记忆，再也不会不知所措、无从下手了。

2. 绘画可以发展幼儿的记忆能力

绘画过程是记忆的再现过程。孩子绘画创作时，是根据平时观察所获得的表象积累进行的。孩子记不住，就画不好，他们不可能在没有一点儿记忆表象的情况下去创作。如：在表现人物头部时，就是把观察的许多形象记忆下来，相互比较着去表现。这个创作过程是需要孩子主动地、积极地去记忆、再现，重组表象素材，才能够完成。它不同于其他死记硬背的学习方式，它是孩子自觉训练记忆的积极方法，是主动的学习。

3. 绘画可以培养幼儿的思维能力

绘画创作主要靠形象思维，而儿童的思维更具有形象性的特点。从某种意义上讲，绘画这种学习过程比“识字”“速算”等形式，更适合孩子心理和生理发展的特点。儿童绘画的过程，是运用儿童创造性的形象思维，把记忆表象重新排列组合，创造出新的形象的过程。如作品《新景》就体现了儿童特有的创造思维能力，孩子把山村小路、骑驴的小女孩和汽车安排到一个画面上，来表现山村的变化，它表现了儿童的思维本身特有的自我加工、整理和创造性的特点。家长应该抓住这一特点，通过儿童的绘画创作过程，使他们的思维能力得到完善和发展。

4. 绘画过程，可以培养幼儿的想象能力

绘画创作可以使儿童充分发挥自己的想象力。由于年龄特点决定幼儿的想象有时会与现实相混淆，有时他们会突发奇想，出乎成人想象。这些不受任何限制的想象，都可以通过绘画过程来体现，使孩子得到满足，增加自信，获得愉悦。

绘画这种学习形式，更适合孩子想象能力的发展，是其他学习形式不能代替的。如作品《梳头》的画面上，孩子让最小的蚂蚁给最大的狮子梳头，有的爬到狮子身上，有的搭梯子上去为狮子梳头，就表现了儿童天真大胆的想象力。

5. 绘画可以培养幼儿的注意力

曾经有一个实验，把 40 名 3 ~6 岁的幼儿分成两组，一组写字，一组画画。10 分钟以后，写字的一组就有一半幼儿伸懒腰，左顾右盼；20 分钟后，大部分幼儿都停笔不写，在玩或说笑。

相反，绘画组的幼儿，20 分钟时，还在认认真真地画，有的自言自语，边说边画，有的边唱边画，心情愉悦。他们之所以自觉自愿地去画，是因为他们对绘画有浓厚的兴趣；他们喜欢五颜六色的色彩，他们更喜欢自由自在的创作过程。因此，绘画延长了孩子的注意时间，很轻松地培养了孩子的注意力。

总之，绘画学习是对孩子进行智力开发的过程，是对孩子进行早期智力开发的有效手段。每一幅幼儿绘画的创作成功，都不是随心所欲地去乱画的，是靠幼儿的观察和想象、修改推敲，靠努力学习和创造才完成的。

教子箴言

孩子坚持绘画学习，不但在绘画艺术上取得了成绩，同时在思想品质、精神情感、智力因素与非智力因素等方面都有不同的发展。绘画学习有效地开发了幼儿的智力，给孩子以全面素质的培养，为孩子成长带来了希望之光。

让孩子的美术才能从涂鸦开始

当孩子信手涂鸦、专注于他的创作时，你会发现涂鸦更像是他平时生活体验的有趣结晶。它可以把孩子神秘、童话般的内心世界，很自然地通过绘画表现出来。

在有的成年人看来，儿童“涂鸦”似乎没有任何的价值，只不过信手涂涂抹抹而已。其实不然。每个儿童自出生起就有美术潜能，只要有一个正确的引导，所有的孩子都是艺术家。而儿童涂鸦是他们潜在美术意识的一种体现，家长要正确对待，否则将会把孩子的美术才能扼杀在摇篮里。

从幼儿第一次动笔画画起，他能够把多维的世界在二维的画纸上表现出来，对于孩子来讲已经是一种最简单的创造了。通过用笔在纸上画，不断地试验，体会自己对纸的影响，并对留下痕迹感到惊奇，又不断地把画出的痕迹和自己感受到的形象进行对照，从中习得一定的经验，感受到自我的存在并试图有更新的表现。这种创造是孩子们的趣事。

两岁左右的幼儿处于乱涂乱画阶段。他们并不想画成什么图形、图案，只是作为一种动作、一种游戏，不管画出什么样的线条，什么样的颜色，他们都会从中感到满足，获得乐趣，也即没有目的、以游戏形式任意画线的活动时期。这时幼儿手的发育不完善，眼动轨迹杂乱，脑、眼、手不够协调，动作笨拙，感知能力差，画出一些无序、不成形的线条。在边画、边说、边玩中满足好奇和好动的欲望。他的画没有明确的目的，即使有，也会随联想而变化；可你根本看不懂他画的是什么，然而，孩子们涂鸦的内容和主题确实是存在的。这就需要做父母的用“心”而不单纯用“眼”去发现他们作品中独特的内涵。“漆黑一片”的作品中，竟然包含着孩子那么多精彩的内涵！孩子的想象力是那样的新奇、丰富，而且表现手法是那样的独特，那样的富有创造性！

这时候，父母不能打击孩子的涂鸦兴趣，而是应该鼓励孩子用语言和动作来说明绘画的内容，同时有意识地教孩子绘画的方法。

儿童涂鸦绘画是儿童绘画的最初级阶段。父母应该怎样看待孩子涂涂画画、怎样帮助孩子呢？

1. 配备绘画的笔和纸张。水彩画笔、圆珠笔、铅笔等能涂画的就可以，给3支蜡笔效果最好，而3支笔中，至少有一支是暖色调的，如大红、玫瑰红或黄色，这些颜色能表现出孩子活泼、热烈、天真的情趣。纸张只要有一定空白空间的就可以了，不用买特别好的，也可以在墙上挂一块白板，让他随时用白板笔作画，方便涂改。目的是让他感到作画是很方便、容易的事，随时随地找支笔和纸就可以作画。当他有一定的兴趣之后，就可以为他配备成本的画册，保留他的作品，让他随时翻看。

2. 用游戏的形式先教孩子画点、画线、画圆圈，例如：和孩子一起观察雨线和雨点，让他根据雨线、雨点画线条和点；又如，在孩子看蚊香、毛线球时，教孩子顺着一个方向画螺旋线，锻炼孩子的手腕肌肉。

3. 在孩子掌握了线、点、圆圈的画法的基础上，启发孩子观察个别简单的物体，逐渐训练他画出象征性的图形，用以表示一定的物体形象。孩子一般比较容易先掌握画圆形，所以指导孩子画简单的物体时，最好从圆形开始，如苹果、糖葫芦、碗、盘子等，再逐步过渡到四角形、长方形，例如画手帕、窗户等。

4. 妈妈要有意识地在日常生活中引导孩子对物体色彩的注意力，培养他对颜色的兴趣，逐步认识3～6种颜色：红、绿、蓝、黄、黑和褐色，并逐渐学会使用不同颜色的蜡笔绘画。

5. 孩子刚开始画画，画的线条一般都弯弯曲曲，而且笔力很轻，妈妈要鼓励孩子大胆地画，尽量把图形画大一些，最好每次都把纸画满。

6. 如果孩子能常常在你的关注下对你说一说他画中的意图或一个简单的故事，这对他来说，无疑有更大的乐趣。

7. 成人可以陪孩子一起画画，在孩子画得乱七八糟的线条中挑出和某些物体相似的图形问孩子："这是不是太阳？我们再给它加上几笔，就更像太阳了。"或说："这是不是一条小鱼？再给小鱼吃点小虫。"边说边添上简单的画，可增强孩子画画的兴趣。

孩子涂涂画画时，家长一定要注意孩子画画的姿势及握笔姿势，并注意光线，防止因光线不好影响孩子的视力。注意不要把画笔放在嘴里，要确保安全。

对孩子涂涂画画的练习，家长大可不必计较他画得像不像，应着重于锻炼发展孩子的小肌肉的动作和培养孩子绘画的兴趣。待一段时间后，家长可以用添画的方法，鼓励孩子画一些较为复杂的线条，如：你画一条鱼，孩子画河水；成人画只小鸡，孩子添画小虫；等等。

教子箴言

给孩子一张纸，各种不同颜色、类型的画笔，让孩子随时将生活体验、感受与情绪通过画笔表现出来，这包含着孩子很多精彩的内涵！孩子的想象力是那样的新奇、丰富，而且表现手法是那样的独特，那样的富有创造性！

第六章

舞蹈帮助孩子有性格

一个人的性格不是天生的，也不是一朝一夕可以形成的。人的性格是在长期的生活实践中，受到社会的各方面的影响和多方面的教育，长期塑造而成的。幼儿舞蹈，使幼儿在轻松、活泼、愉快的环境中通过身体动作去感受音乐形象，通过表情、动作表达自己的思想感情，使幼儿形成活泼、开朗、热情、大方的性格，又会使他们充满自信，并且拥有积极向上的乐观心态。因此，幼儿舞蹈也是幼儿形成良好性格的重要工具。

少儿舞蹈的魅力

舞蹈是人们用来抒发和交流情感的一种形式。它是无声的语言，用肢体的动作来演绎内涵，通过变幻的姿势来诠释舞者要表达的丰富情感和思想内容。

舞蹈之所以成为人类物质生活和精神生活中不可或缺的组成部分，是因为它是对外界身心合一作出反应的艺术，它能通过“人心之动，物使之然也”和“情动于中，故形于声”。

在舞蹈艺术的园圃中，少儿舞蹈堪称为一朵娇嫩可爱、自然成趣的小花。幼儿从小就具备了学习音乐舞蹈的潜力，如幼儿一听到节奏明快、活泼、优美的歌曲，马上就会手舞足蹈；听到进行曲马上会学解放军，雄赳赳气昂昂地走起步来。

少儿舞蹈与成人舞蹈有相同的规律，都以人体为载体，通过肢体语言表达一定的思想感情。但幼儿舞蹈又不同于其他舞蹈，它直观、形象，韵律更为欢快活泼，符合孩子们身心发展迅速、天真活泼、好动好奇、模仿性强等生理心理特点。

幼儿歌舞是文学、音乐、舞蹈三位一体的综合艺术。它包容了孩子们的“童心”与“童趣”，蕴含着孩子们对于“真善美”的感受与亲和力。通过舞蹈教学可以培养孩子的审美意识，使孩子们不仅得到动作协调性和灵活性的训练，而且还能发展孩子的思维和情感，在意志、思想品德、个性等方面得以全面培养和拓展。

舞蹈符合孩子们爱动、爱跳的特点，也符合孩子们通过感知和表象来认识事物的心理特点。孩子们在动作、节奏、娱乐中提高了模仿能力，加深了对于外界事物的认识和理解。

苏霍姆林斯基说过："美是道德纯洁、精神丰富和体魄健康的强大源泉。"美好的事物总是客观存在且具有吸引力的，爱美是人的天性。俗话说：爱美之心人皆有之。即使是孩子也不例外，舞蹈具有认识美、感受美、表现美、创造美的功能，是对孩子进行美育教育的一种良好的形式。

舞蹈的最大特点就是通过身体动作，也就是身体语言来表现人物、事物及深刻的内涵，因此孩子学习舞蹈的同时身体形态也得到训练，这是其他艺术形式所不能替代的。诸如手臂波浪、脚尖步等动作，孩子经过一段时间的学习后，会使他们对肌体的运用从本能的无意识状态过渡到具有舞蹈功能的有意识状态，通过各种舞蹈的姿态的训练使孩子四肢动作协调，佝胸、驼背等不良习惯消失，取而代之的是优雅的体态和姣好的外形气质，这是舞蹈对孩子产生的最直接、最显著的美育功能。

孩子的心灵纯净如水，孩子的生活无忧无虑，少儿时期是对孩子进行爱心教育的最佳时期，将爱心教育融入舞蹈的形式，让孩子通过舞蹈真实地感受生活的美好，再让孩子通过舞蹈来表现无限美好的生活，从而激发孩子爱亲人、爱大家、爱社会、爱生活的美好情感，这是舞蹈的又一魅力所在。

所以，少儿舞蹈教学不是单设的科目，它是孩子感兴趣且易于接受的一种美育形式，它是实现德、智、体、美全面发展教育任务的一部分。舞蹈必须从我们的孩子抓起，使舞蹈发挥其独有的育人功能。

教子箴言

作为艺术，舞蹈不仅能使孩子们身材修长，姿态挺拔，还会使他们在享受艺术美的同时，潜移默化地提升自身的素质。舞蹈要求动作优美，富有表情和节奏感，一般与音乐与光相结合，给人以强烈而直观的美的感受，可以培养孩子对体形美的认识和韵律感。

学习舞蹈对孩子的好处

“言不如歌，歌不如舞”，舞蹈是以人体为工具，用肢体语言表达舞者的情感和通过人体动作语言，表达一定思想感情的动态艺术，是一种可以淋漓尽致地表达舞者情感、心声的艺术表现形式。

尽管少儿舞蹈与成人舞蹈有相同的规律，但少儿舞蹈的韵律更为欢快、简洁、明朗，蕴含着孩子们的天真与童趣，更是孩子们对于真、善、美及对自己美好生活的感受与理解。少儿舞蹈教育对少年儿童的智力开发、道德素养、意志品质的培养形成、气质的提升、审美能力等的培养，具有一切课堂教育所无法代替和达到的积极作用。

一、有利于促进智力发展

舞蹈非常符合孩子们爱动、爱跳、爱模仿的特点，也很符合少儿通过感知和依靠肢体运动来认识事物的心理特点。孩子们在动作、节奏、音乐、娱乐中提高了模仿能力，加深了对事物的认识和理解。

舞蹈动作是无声的语言，在课堂上或生活中，孩子们通常依靠丰富的想象和感悟去用舞蹈动作表现自己心里的情感，而这些动作又能激发、启迪他们产生更为丰富的联想，开阔他们创造性的思路。

例如，选取一段欢快的音乐，命题为《春天》让孩子们自编自演，让他们的想象力和创造力得到充分的开发和发挥。结果，每个孩子都跳出了对春天的不同感受，有赞美，有喜爱，有的还把自己想象成春天里的动物或是刚苏醒的花草，等等。

这样创造性的自由艺术活动，很好地帮助孩子们完成了从平面形象到立体形象的升华和转换，培养了孩子们的形象思维，训练了其敏锐的观察能力，使感知、想象、幻想、创新等得以尽情地发挥，从而使孩子们的智力得到科学的发展。当孩子随着音乐起舞的时候，可培养音乐感，学习对音准、韵律、节拍的敏感度和数学逻辑，同时对培养孩子的注意力、观察力、集中力和记忆力很有帮助。

二、有利于培养良好的团体意识和坚强的意志

舞蹈是一门综合艺术，少儿舞蹈的排练或演出往往是以群舞形式进行的，整齐的队形，一致的动作，常常是衡量整体美感的标准之一。如果有一个孩子不认真，动作不协调，就会影响甚至破坏画面的美感。通过这种步调一致的训练，久而久之，可以养成孩子们自觉遵守纪律、主动关心帮助他人、团结合作和有集体荣誉感的良好习惯。

少儿舞蹈对培养孩子们活泼个性和坚强毅力有着很好的作用，特别是当代的独生子女，多半在家长亲人的溺爱下成长，和外界交流的机会比较少，特别是在公众场合可能会有害羞、娇气、任性等，不愿接受别人的意见。舞蹈这种群体艺术活动有着现场和大家进行交流探讨的特点，在教学过程中，教师可以利用舞蹈的外向特征，激发学生进行富有感情的表演，鼓励他们经常和舞伴交流感受，或是互相提意见。通过参加排练、外出演出和集体活动，许多学生克服了性格内向自私、胆小害羞等心理，开阔了眼界，增强了自信心，有利于培养开朗活泼的个性。

另一方面，众所周知舞蹈是一门非常残酷的艺术，要想拥有扎实的舞蹈基本功底，必须在长期的训练过程中付出艰辛的努力才能获得。对于现在娇生惯养的独生子女来说，这种吃苦耐劳、坚持到底的品格及自信心非常重要。

三、有利于提高少儿身体素质，美化形体与气质

舞蹈是人体动态造型美的精华，通过科学、正确、协调的训练，可以提高学生身体各部分的协调性和灵活性，促进儿童的骨骼发育，增强孩子们的体质机能，提高身体素质。孩子原来的“驼背”“佝胸”“端肩”等不良习惯，在舞蹈学习过程中会逐一自觉地改变。坚持一段时间的训练，这种习惯就能被有效彻底地纠正。和没受过舞蹈训练的孩子相比较，受过舞蹈训练的孩子，在仪态、举止上有很大的优势，这种形体优势，又会使他们自信乐观。经过舞蹈训练的孩子，能让人感受到挺拔向上、大方活泼的形体和开朗美好的气质。

舞蹈是通过调动人体姿态、表情、内心情感等多种心理和生理机能的艺术表现形式，可以为孩子们提供和构筑富于童心的审美欣赏与审美创造空间。可通过舞蹈的具体形象来认识缤纷的世界。在教育观念中，我们强调今天的教育轨道必须由原来应试教育向素质教育转轨，我们应当加大力度推广少儿舞蹈教育的特殊作用，用科学合理的教育方法培养出外形与内质并存的优质新一代。

作为艺术，舞蹈不仅能使孩子们身材修长、姿态挺拔，还会使他们在享受艺术美的同时，潜移默化地提升自身的素质。千变万化的舞蹈，可锻炼孩子的脑部及身体协调能力，刺激他们的幻想力及空间智能。

教子箴言

舞蹈艺术是美的教育，是使孩子学会感知美、表现美、提高审美能力的重要手段。舞蹈教育，不仅能使孩子热爱舞蹈，使其形体、行为、举止、言谈等方面得到良好规范，甚至会影响他们一生。

缤纷的舞蹈世界

目前在各类培训学校中，少儿舞蹈通常会分为芭蕾舞、中国舞、拉丁舞和踢踏舞四种形式，另外还有新兴起来的少儿街舞。

1. 芭蕾舞

“芭蕾”是一项非常高雅优美的舞蹈，最能培养孩子的气质和身段。作为欧洲传统舞蹈艺术，它的主要特征是女演员要穿上特制的足尖鞋用脚趾尖端跳舞。相对来说，芭蕾的专业性比较强，但它是学习其他舞蹈的基础，就算学民族舞或者拉丁舞，一开始除了软开度（柔韧性）训练外，也都要进行芭蕾基础训练，这对孩子将来学习其他舞很有帮助。

儿童芭蕾是培养儿童协调性、节奏感、音乐理解力、自我表现力、协同合作能力的最好方式。芭蕾舞本身就涵盖了舞蹈、影视、音乐、诗歌、美术等各门艺术种类。儿童芭蕾训练能最平衡地完善儿童综合素质，并全面立体地提高儿童修养及审美。

儿童通过芭蕾的训练可以在未来的身体发育中曲线变得更美，身心健康，性格开朗，气质高贵。儿童芭蕾也是真正的有氧运动，使练习者在提高主肺功能的同时，达到减肥塑身的目的。在儿童芭蕾中，连贯的动作与丰富的节奏，对乐感、灵巧度的锻炼很有训练价值，而它的趣味性容易让人集中和专注，开发儿童的智力潜能。

2. 中国舞

中国舞以中国民族民间舞和中国古典舞为主，舞蹈讲求表现力，舞蹈性强，具有载歌载舞的特色，风格迥异，丰富多彩，使孩子从小就在音乐舞蹈的熏陶中受到美的教育。

少儿学习舞蹈可以塑造美丽，增添魅力，锻炼体力，磨炼毅力，丰富想象力，舞出少儿的气质 。正处于快速生长发育时期的孩子，经过舞蹈训练（如挺胸、抬头、收腹）能使他们站得直，形体优美，且能纠正驼背、端肩等形体问题。

舞蹈需要全身各部位的配合，通过音乐与舞蹈动作的和谐达成动作协调性的训练，并且使孩子更有节奏感。由于经常练习压脚、劈叉、下腰等，孩子的柔韧性、动作灵活性更好。

从基本功开始训练能培养他们不怕吃苦的精神，磨炼坚强意志，提高身体素质：舞蹈需要一定的体力消耗，坚持练习后能促进孩子食欲，增强消化机能，提高身体抵抗力，减少生病次数；提高合作能力和集体荣誉感：舞蹈有独舞、双人舞、集体舞，只有配合默契才能表演好，由此训练了孩子们的合作精神，养成自觉遵守规则、纪律的习惯，培养了协作的观念。培养审美情感：舞蹈是通过音乐、动作、表情、姿态表现内心世界，使孩子潜移默化地接受到艺术表演的熏陶，使孩子们热爱生活，并能欣赏美、体验美。舞蹈演出能培养孩子表演的能力，使孩子们不怯场，表现力强，增强自信心和更好的心理素质。舞蹈是通过形体、动作、眼神来表现的，在跳舞的过程中能激发孩子的想象力、创造力，尤其是自编自演的作品，能促进孩子智力发展。

中国舞是中国古典舞，是在民族民间传统舞蹈的基础上，经过历代专业工作者提炼、整理、加工、创造，并经过长期艺术实践的检验流传下来的具有一定典范意义的古典风格的特色舞蹈，充分体现了我们中华民族鲜明的民族特色。基训中的技术、技巧有着独具一格的民族特性，与其他舞种中的技术、技巧有着很大的不同，因此学习中国舞是孩子的首选，不会很难，也能增强中国情怀。

3．拉丁舞

拉丁舞属于体育舞蹈的范畴，是一种令人感受到精力充沛、活泼快乐的舞蹈，分别由五支舞蹈组成，即伦巴舞蹈、牛仔舞蹈、桑巴舞蹈、恰恰舞蹈和斗牛舞蹈。

拉丁舞是一种奔放热情的舞蹈，具有快速活泼、迷人曼妙、火热激情、雄壮神合及诙谐幽默的特点。音乐是比较欢快激昂的，动作是灵活潇洒的，孩子学习拉丁之后除了形体上会有较大改变外，精神面貌也会变得更加自信、热情、开朗大方。学习拉丁舞可以增强孩子的节奏感，提高对音乐的理解和欣赏能力，尤其对训练孩子的协调和平衡能力有很大的帮助。

少儿拉丁舞在国内外都已成为大受欢迎的少儿必修舞蹈。少儿拉丁舞不仅是一种形体训练，更是增强体质、培养气质的良好途径。它对孩子的发育成长、体力、耐力、肌肉、关节韧带以及坚强的意志、刻苦耐劳的精神锻炼都有很好的作用，而且对孩子身体的平衡力、稳定性、灵敏度、反应力等都有明显的加强。

拉丁舞特有的训练方法，能够让正处于发育阶段的孩子骨骼及肌肉尽量向上伸展，比同龄人更具有良好的形体和优美的气质。另外对于青少年中普遍存在的驼背、耸肩、含胸、内八脚及肥胖等能起到明显的矫正作用。

拉丁舞既是一种健身运动，也是一个娱乐节目。拉丁舞腿脚的运动、腰胯的扭拉、手臂的摆动、可让人全身得到锻炼；优美的音乐、激昂的节奏又能让人抛却烦恼，投入到欢快的艺术天地里，全身心得到放松。因此，现在越来越多的孩子从小就开始学习拉丁舞了。

4．踢踏舞

踢踏舞是一个以双脚律动为主的舞蹈，主要是通过脚尖、脚跟配合一定的节奏与地板撞击发出响声。它和芭蕾不同，比较讲究行动力、技巧性，甚至持久力，同时可以训练仪态和体力。

5．少儿街舞

街舞以动作为标准，分两大类：Hip－Hop 和 Breaking。少儿街舞一般可以分为两种。一种是个人的技巧街舞。个人技巧街舞是最早流行的一种街舞，因为它能体现少儿精力旺盛的一面，它们的很多地面动作，譬如翻滚、倒立、弹跳都是比较高技巧的个人街舞表演。另外一种就是集体街舞，是目前比较流行的街舞形式。它反映了大众的需要，跳起来比较简单，节奏感比较强，既有舞蹈的感觉又有健身的作用，所以目前比较普遍的就是集体街舞。

儿童期是整个人生的开端，在这一时期人的身体生长发育最为迅猛。让孩子参加有计划、有系统的舞蹈训练，可以增强体质，增强身体抵抗力，减少得病的次数。学习街舞可以启迪儿童智慧，激发孩子潜藏的能力；儿童的想象力、创造力、记忆力等智力因素的培养有多种渠道，舞蹈训练无疑是其中极为有效的一种。

儿童舞蹈中孩子的步态、手势、动作比日常生活中要夸张变形一些，孩子在舞蹈表演时既不能脱离基本动作，又可以自己选择、自己设计不同的形体表现方式，能积极、主动、自信地融入到音乐和动作中去。孩子在发挥想象自我表现的同时，又发展了记忆力，还能增强自信心。

教子箴言

儿童的情感、审美、意志等非智力因素的养成是使孩子心理健康成长的关键。在旋律优美、动作规范的儿童舞蹈训练中，孩子可以在活泼、轻快的氛围下，用身心去感受音乐的形象，潜移默化地陶冶孩子的情操，培育孩子良好的审美能力，培养孩子与伙伴们的团结协作和互帮互助的精神。

帮助孩子选择合适的舞蹈班

不管选择学习哪种形式的舞蹈，舞蹈本身都是愉悦自我、融于自然的，因此孩子自己的兴趣最重要。其次要看父母的心态：是想要孩子朝舞蹈专业方面发展，还是只想培养孩子的气质，让孩子有一技之长呢？如果是前者要看他的先天条件适合哪一种；如果只是想培养孩子的兴趣爱好，陶冶情操，这几种舞都可以学。

一、了解自己孩子的真实舞蹈水平

这一点说起来很容易，可真正实施起来却并不那么简单。首先，要求家长对舞蹈有一个大概的了解；其次，对自己孩子的自身条件有一个正确的评价；再次，在可能的情况下，了解同年龄段孩子的舞蹈水平。

我们很多家长自己并不懂舞蹈。现在可供选择的舞蹈种类繁多，在班级名称上也没有统一的标准。那正确地评价自己孩子的舞蹈水平是为孩子选择合适的舞蹈班的必要工作。

介绍一个简单的方法：1．自己目测一下孩子的腰腿的软开度。测试腰时，因为孩子从未学习过舞蹈，一定要用卧式来测试。测试腿时，可采用坐式来测试。2．给孩子一段音乐（最好不采用三拍子的音乐）让他自由舞蹈，观察他的节奏感、表情和动作协调性。

二、“考级班”VS“表演班”

所谓“考级班”，是指任课教师需持有《北京舞蹈学院考级中心师资证书》，按照北京市舞蹈学院编写的国内最具权威的《中国舞等级考试教材》授课，其目的是学员学习期满后参加由国家文化部授权的北京舞蹈学院考级中心组织的考试，成绩合格者颁发国家承认的证书。参加舞蹈考级，可以使那些有艺术潜质的儿童接受系统正规的舞蹈教育，乃至为进一步深造和报考艺术院校提供了基础和机会。

“表演班”是指在一些少儿艺术团名下举办的舞蹈班，多以培养自己演出团体的骨干力量、参加各种演出为主，如“大风车”艺术团、蓝天幼儿艺术团等。对更多家长来说，考级并不是目的，重要的是希望通过艺术的熏陶，培养孩子的气质，提高修养，锻炼孩子吃苦的精神，因此，这种经常参加各类演出、增加社会经验的舞蹈班也很受父母的欢迎。

三、了解本地舞蹈教育机构的真实教学水平

有些家长，他们在选择舞蹈班时主要考虑的是是否离家近。这个选择原则对于舞蹈班来说，不是十分实用。为什么呢？因为现在社会举办的舞蹈班，都没有统一的教材、统一的标准，对教师也没有资格认证。这样的情况，家长应该多看几堂课，多看一些高阶段孩子的舞蹈情况（这些孩子也许同时在好几个地方学习，所以要询问清楚这些孩子到底是以哪儿的学习为主）。在看课时，不要仅仅参观高阶段的课。因为很有可能舞蹈班里将初、中、高阶段分成了不同的老师授课。最好参观你孩子要选择的年龄段的班级。

目前社会上各种培训班名目繁多，师资情况也良莠不齐，因此父母要注意选择。一般各省市少年宫、文化馆等场所的教学不是商业性的，收费标准比较低，具有普及性，教师也都有相应的资格证书，如果想让孩子学得专业一点，可以到那里去选择相应的舞蹈班和舞蹈老师。

给孩子选择一位好老师也至关重要。除了要有相关专业资质证书外，她还应对孩子有爱心和耐心，业务要精细，上课要严谨，这样才不至于强迫孩子做出超过其正常关节活动度和骨骼能负荷的动作，从而减少运动伤害的产生。

多做比较，自然就会有一个准确的评价。学习任何一项学科，启蒙都是最重要的，千万不要存在“反正孩子还小，等以后有发展了再换老师”的想法。

综合了以上各点，就基本能为孩子选择一个合适的舞蹈班了。不过，不是选择到了合适的班就万事大吉，家长要时刻关心孩子的学习进度，随时调整班级。只有始终让孩子在他合适的班级里，他才能更好地学习舞蹈。

教子箴言

不管选择学习哪种形式的舞蹈，舞蹈本身都是愉悦自我、融于自然的，因此孩子自己的兴趣很重要。还有，我们的培养目标是朝舞蹈专业方面发展，还是只想培养孩子的气质，有一技之长呢？这些都是在选择过程中需特别考虑的。

培养孩子对舞蹈的兴趣

个人兴趣是个体以特定的事物、活动及人为对象，所产生的积极的和带有倾向性、选择性的态度和情绪。它是一种无形的动力，当我们认真对待某件事情或某项活动时，就会很投入，而且印象也会很深刻，一切自主选择的活动无不始于兴趣，而一切的活动追根究底亦源于兴趣。

例如：一个人对跳舞感兴趣，他就会主动、积极地寻找机会去参加，而且在跳舞时感到愉悦、放松，表现积极而自觉自愿，除此之外人的兴趣也是在需要的基础上通过活动发生发展起来的。孩子需要知识，他的知识越多，他的兴趣也就越广泛、越浓厚。

一、兴趣对儿童学习舞蹈的作用及其意义

常言道，兴趣是最好的老师。兴趣对学习有着重要的促进作用，是开启孩子智慧大门的一把钥匙，因此，要根据孩子的心理特点，创设情境，激发孩子的兴趣和求知欲望，充分调动孩子的主动性、积极性。

兴趣能培养人的习惯，对人的一生都是很重要的，如果遇上自己喜欢的事情就会用积极的态度来面对。积极的态度有利于接近成功的彼岸，是一种心理朝向的感情状态。感情状态有愉快的，有痛苦的，愉快的经验来自学习的成功，也就是说兴趣的感觉，是由于接触到人、事或参与活动而产生的感情经验。有了兴趣的感情经验，就会吸引他们去接触、去参与，所以兴趣是学习的有利因素。

二、家庭教育对儿童舞蹈兴趣的培养

父母是儿童的启蒙老师，儿童兴趣的萌芽大多是在父母的影响下产生的，因此家庭在培养孩子兴趣方面就特别重要，家长都希望自己的孩子能歌善舞，尤其是女孩。家庭是培养舞蹈兴趣的第一个环境，因此家长应注意以下几个方面：

（一）在培养儿童广泛兴趣的基础上，培养其中心兴趣

家长不要让孩子在许多种兴趣中穿梭，那样会使孩子应接不暇，疲于应付。对孩子的兴趣，我们可以多角度观察其表现的倾向性，分析其稳定的倾向性，视其发展走向，培养其中心兴趣。对某些孩子所表现出的稳定倾向的兴趣，则要有意识地安排其多参加活动，多接触事物，在其所经历的事物和活动的过程中，培养其广泛兴趣，加强和发展中心兴趣的走向。

（二）尊重孩子的前提下培养他们的个性发展

家长是孩子兴趣的培养者和发现者，家长应从孩子的生活中去观察孩子，然后采取措施去引导孩子对此能够产生兴趣。作为儿童的守护者，不管是教师还是家长，在教育孩子时都应该尊重孩子的意愿，切忌把自己的主观意愿强加给孩子，而应该根据儿童兴趣的特点积极地创造条件和空间鼓励发展儿童的兴趣。比如我国著名的舞蹈家杨丽萍从小生活在父母离异的家庭，和妹妹、弟弟跟母亲生活，杨丽萍童年的记忆大都与贫穷有关，但她有人生少有的快乐态度，因为她从小就酷爱舞蹈，母亲就很支持自己女儿的选择，经常鼓励她，默默地支持她，最后杨丽萍成为了著名的舞蹈家。所以不管在怎样的情况下家长都要尊重孩子的选择。

（三）采取的培养措施

1. 父母最好自己也对舞蹈感兴趣，因为成人的举止、言谈、爱好对孩子会起到一个潜移默化的感染作用。

2. 可以利用电视、电影的传播媒介，有意识地带领孩子观看舞蹈表演，让孩子从中感受到舞蹈的优美，从而激发孩子的童趣。

3. 为孩子创造一个美的环境，比如：在窗户上贴一些舞蹈造型的窗花，墙壁上可以剪贴一些舞蹈形体图，书橱里为孩子添置一些舞蹈画册等，让孩子观察、模仿、阅读，使孩子的生活空间充满舞蹈的情趣，由此对舞蹈产生兴趣。

4. 可以经常播放一些优美、抒情、活泼的乐曲，让孩子伴随乐曲蹦蹦跳跳，感受一下乐趣。因为小动物形象生动，对孩子有吸引力，我们可以让孩子在音乐声中模仿小动物的动作，在观察中加以美化和创造。

5. 召开家庭音乐会和孩子们一起表演节目，一方面可以提高孩子对舞蹈的兴趣，另一方面成人可以与孩子进行沟通、探讨。

6. 根据孩子的爱好制作一些动物的头饰、服装、道具等，使孩子在愉快、欢乐、轻松的情景中感受到舞蹈的高雅情趣。

三、学校教育对儿童舞蹈兴趣的培养

学校是培养孩子的摇篮，孩子兴趣的培养、人际关系的培养都来自于学校，在培养孩子方面、教师处于重要的地位。

（一）幼儿园领导对舞蹈的重视直接影响儿童对舞蹈的兴趣

儿童到了一定的年龄就要进入学校来接受科学文化教育，首先进入的是幼儿园的教育，学校有什么样的培养目标就能培养出什么样的人才。在儿童参加校外的舞蹈活动中，如果领导不时地鼓励、关心儿童，儿童的情绪就会一直保持高涨的状态。由于领导的提倡、支持，孩子就会重视舞蹈的每场演出，渐渐地就会对舞蹈就产生兴趣。

在学校里一个好的领导往往起到一个核心的作用。在新课程的实验中，课程管理的相关制度、机制建设也非常重要，它是新课程实施的一个重要的保证。只有对教师精神上给予了重视、物质上给予了保证，这样教师才有动力搞好自己的本职工作，有动力了解和研究孩子，有助于激发儿童的舞蹈兴趣。

（二）舞蹈教师培养儿童舞蹈兴趣的作用

1．教师言语的作用

教师讲解的言语要适合儿童的特点，激发儿童的舞蹈兴趣，不要用死板的“手怎么做，脚怎么做”来完成动作的练习，应该适合儿童的兴趣趋向，利用生动形象的儿歌来唤起孩子的兴趣，从而让孩子带着轻松、愉快的感觉去学习舞蹈。这对教师的教学技术有很高的要求，尤其对儿童在语言上更要幽默、风趣，在教学中要善于用形象性的语言帮助儿童掌握动作要领。例如用拍手训练节奏，单调的拍手动作，孩子不感兴趣，老师用拍上、拍下、拍左、拍右、拍前、拍后、两人对拍，再加上拍头、拍肩、拍胸、拍膝等，孩子兴趣极高，节奏也掌握得很好。又如孩子站立时的收腹、挺胸，他们很难理解，有的老师风趣地对孩子说：“你们身上都有一个大西瓜。”孩子不解地问在哪里，老师让孩子用手摸摸自己的肚皮，并说：“这就是你们身上的大西瓜，挺着大西瓜跳舞不好看。”然后，教孩子把大西瓜藏起来，肚皮收进去，通过生动形象的教学，孩子很快学会了这个动作。

为了使孩子准确掌握小碎步，老师可让孩子有意来追逐自己，在追的过程中，不仅老师提出的要求（用前脚掌轮流快速向前走）孩子能听得清、记得牢，而且还能与老师建立亲密、友好的师生关系，消除恐惧心理，大胆、欢快地展现自我，而且感觉还特别开心。

对孩子来说，必须舍弃一些单调、枯燥没有吸引力的东西，最好让孩子在良好的心态、轻松的氛围和愉快的环境中潜移默化地接受，作为一名引导者有责任和义务保护好儿童的兴趣。

2．采用做游戏的方法培养儿童的兴趣

爱玩是孩子的天性，他们喜欢在轻松和谐的环境下去学习舞蹈。小朋友最喜欢做游戏，我们就应根据孩子的天性顺应他们的心理，用做游戏的办法培养他们的兴趣。

如玩《小鸟找窝》时，教师说："我是鸟妈妈，小朋友都是小鸟，要跟着妈妈学习各种本领。"孩子学跳手绢花，让他们自由选择不同颜色的手绢花，孩子拿到自己喜欢的手绢花跳舞会显得格外高兴，然后老师拿出一种颜色的手绢花开始跳舞，手上有和老师一样颜色手绢花的孩子便围在老师身边舞蹈。孩子在这样愉悦的游戏中跳舞，兴趣会始终高涨。在枯燥的基本功练习中也要有一些趣味才能使学习得到事半功倍的效果。比如：有的老师通过骑马、支撑、推小车来练习孩子手臂的力量，通过学习青蛙的体形来压胯。每次练习完孩子们都会出一身大汗，可是他们还是很开心，没有表现出不愿意学的情绪。

通过趣味基本功训练，孩子在游戏中锻炼了身体，所以在对孩子舞蹈兴趣的培养中要利用孩子的天性，达到事半功倍的效果。

3. 好强心激发法

儿童是好胜的，他们愿意向别人表现自己的才能。培养儿童的兴趣可以抓住儿童的这种心理特点，给儿童创造争胜的机会，使儿童的兴趣逐渐得到发展。

比如，经常让他们参加一些儿童的舞蹈比赛，让他们自己去评价。孩子总是不服输的，在比赛中，他们就会在不知不觉中爱上舞蹈。我们应给孩子创造争胜的机会，并逐步通过自己的努力去赶超别人。

在舞蹈班就有这样的例子。在软度练习的过程中教师经常让孩子一起下腰，其中有个孩子总下不去，有一次她终于和其他孩子一样做到了，老师就鼓励和表扬了她。到了下课的时候，孩子的妈妈说这位孩子经常在学校放学以后躺到自己的床上让妈妈帮忙拉腰，每天坚持两个小时软度的练习，她自己总说："老师经常让我们一起下大腰，我总是下不去多丢人啊，别人都能下去的，我为什么不能啊！"终于功夫不负有心人，她做到了。在这个时候教师更要对孩子给予及时的鼓励，利用孩子好强的心理去保护孩子的兴趣。

四、校外舞蹈活动对儿童舞蹈兴趣的培养

首先，人们在满足物质生活的前提下，对精神生活的追求也逐渐增多，精神生活的享受来自于艺术美的创造。现代社会的发展，不但要求孩子能够取得更好的文化成绩，在艺术方面的培养也引起了社会的重视。

如今在社会上大大小小舞蹈班不断兴起，为孩子舞蹈的培养提供了良好的条件，随着这股"流行风"的盛行，儿童对舞蹈班就会产生好奇，由于这种好奇心理学习舞蹈的孩子就会络绎不绝。由于这样的一种风气，每一位家长都害怕自己的孩子落后于他人，在家长攀比心的驱使下，大多数孩子都被送到假期的舞蹈班中学习舞蹈，在学习的过程中孩子就会渐渐地对舞蹈产生兴趣。

舞蹈有其他学科所不能比的地方，因为舞蹈的学习是一个不断训练的过程，在无形中也锻炼了儿童吃苦耐劳的品质，培养了孩子的自尊心和自信心，为孩子以后培养坚强、不怕挫折的品质打下了坚实的基础。舞蹈能够促进儿童智力的提高，它主要锻炼了儿童身心各方面的协调，为以后的文化课的学习奠定了良好的基础。

其次，舞蹈在社会中的应用随时随刻都在我们的身边，它伴随着我们成长，伴随着我们生活的每一刻，因为它与我们的生活息息相关。在我们生活中经常会遇到有单位开业或者搞活动的时候为了招揽客户组织一场文艺活动，孩子经常在家长的带领下去接触这些文艺活动，当看到别人在台上的精彩表演时潜移默化中就会对歌舞产生兴趣，就憧憬着自己也有上台表演的机会。

还有学校也会经常组织一些晚会、汇演之类的活动，每个人想在自己同学面前表演一下，但是到报名的时候就会因为没有才艺表演而望而却步，渐渐地在心理压力的驱使下就会尝试去接受这些东西，去体会这些东西，慢慢地随着时间的流逝，接受了正规的训练后，在教师正确的指导下就会对舞蹈产生浓厚的兴趣。

科学、协调的舞蹈训练，会提高孩子身体各部分的协调性和灵活性，受过舞蹈训练的孩子，都有仪表、举止端庄得体的特点。这种形体特点，又会使他们自我感觉良好，充满自信，并对舞蹈产生兴趣。

对于孩子来说，爱唱爱跳是孩子的天性，是孩子内心感情的真实流露，对儿童舞蹈的兴趣应从多方面，即通过家庭、学校、社会三个方面对孩子进行培养，应从孩子的天性出发，利用童趣激起他们对舞蹈的兴趣。不管是通过哪个渠道培养孩子都应该在尊重孩子的情况下让孩子自主选择，让孩子对自己的未来负责，让孩子拥有一个快乐的童年。

教子箴言

爱因斯坦说过，兴趣是最好的老师。只要孩子对舞蹈有了兴趣，就能把他们的积极性调动起来，让爱美、善良、纯真无瑕的孩子插上理想的翅膀。

培养孩子的舞蹈能力

舞蹈，顾名思义为手舞足蹈，它是通过人体有节奏的动作、姿态，生动地反映现实生活、表达思想感情的一种艺术形式，很受孩子们喜爱。

那么，怎样培养孩子的舞蹈能力呢？

1. 培养孩子对舞蹈的兴趣。经常让孩子通过电视观看少儿文艺节目、歌舞表演等，让孩子用感官直接感受舞蹈的美，引起孩子对舞蹈的注意和兴趣。成人发现自己的孩子喜欢“手舞足蹈”时，要积极地加以引导。

2. 音乐是舞蹈之魂，音乐和舞蹈是一种相互表现、促进的统一体。成人要经常性地、有意识地让孩子欣赏音乐，感受、体会音乐节奏，并根据音乐的节奏变化，用舞蹈的动作语汇反映音乐的各种形象。如孩子听到高音区的音乐，能模仿蝴蝶飞、小鸟飞；听到低音区的音乐，能模仿大象走、熊走。

3. 培养孩子的想象力和创造力，引导孩子学习创编简单的舞蹈。选择可使孩子表演的歌曲，启发孩子结合音乐歌词编出相应的舞蹈动作。

4. 对孩子进行舞蹈表演能力的培养。当孩子正在学习舞蹈时，成人应为孩子提供表演的机会，并根据舞蹈的音乐形象、节奏和舞蹈动作的语汇，启发孩子在理解舞蹈内容的基础上，创造性地通过舞蹈表演的形式表现出来。

舞蹈是美的化身，是用形体表现的艺术造型。许多家长都希望自己的孩子能歌善舞，但仍有一些孩子对舞蹈不感兴趣。

要培养孩子对舞蹈的兴趣，家长要做到：

1. 转变观念，勿拔苗助长。家长应该把兴趣培养与专业培养区分开来，特别是对幼儿，千万别强迫孩子完成高难度的动作，以免扼杀孩子的兴趣。

2. 根据幼儿自身条件来培养。有的孩子确实不喜欢或者自身条件好但不适合把跳舞作为特长来发展，就不要勉为其难。这样，孩子学得痛苦，效果也不会好。

3. 注意与老师的沟通交流。

4. 在与小朋友的比赛中，提高孩子对舞蹈的兴趣。孩子总是不服输的，在比赛中，不知不觉就会爱上舞蹈，并逐步通过自己的努力去赶超别人。

5. 多鼓励少批评。在家人或客人面前，有意识地让孩子进行表演，增强其自信心。

教子箴言

所谓“台上一分钟，台下十年功”。要想成功地去表演舞蹈必须不厌其烦地进行基本功的训练，这对孩子的毅力和耐力无疑是一种磨炼。“吃苦”并不是件坏事，苦中也有甜，从吃苦中去磨炼自己。

让孩子享受舞蹈的快乐

美国芭蕾大师级人物、巴兰钦的合作者之一杰克斯·唐波士，顶着连日的酷热来沪展开“舞向未来——中美文化交流系列”活动。然而，陪伴中国学舞儿童前来的家长和老师们发现：在偌大的练舞场里，外国孩子感觉“如鱼得水”，而中国娃娃仿佛不会跳舞了。

在美国三大芭团之一——纽约市立芭蕾舞团担纲了27年台柱子的唐波士，在结束舞台生涯后，怀着“给每个孩子和我一样多的机会”的理想，创立了无偿帮助孩子们学习舞蹈的美国全国舞蹈协会。他的传授不分国界、种族和年龄，声称“我坚决不培训专业演员”，目的是用最广大人群能一起跳的舞蹈，传授给学生们严谨、勤奋、奋斗和快乐的精神。

听说唐波士前来传经送宝，上海不少爱舞者慕名赶来，结果却傻了眼——想从这位大师那里淘点“芭蕾经”，为孩子成名成家指点迷津，结果发现唐波士根本不教芭蕾，也拒绝任何专业舞种。

大师把踢踏、爵士、嘻哈、街舞等杂糅在一起，“发明”出一套得到美国国家艺术金奖的舞蹈教育法。只要跟着他移步换形，踩准节奏，调动身上每个“零件”，加入庞大的团队，一个一点都没有舞蹈基础的孩子，能很快变成一个快乐的舞者。

中福会少年宫一位老师说，没想到，在舞蹈班里跳得有模有样的得意门生，会在看似简单的舞步中乱了方寸，而大师带来的12位美国孩子身手间的那种韵味，更让他们难以模仿。连舞蹈老师都觉得他们的想法“乱”了——原来，美国大众舞蹈的传授理念，和我们完全移植自专业民间舞、古典舞、芭蕾舞，讲求一招一式都合“程式”的教法，大相径庭。

以这一“美式大众舞蹈”作大规模亮相的舞蹈晚会，由中美专业、业余演员一起搬上了大剧院舞台，中国孩子们在短短两周里发生的变化，正引起越来越多沪上教育界人士的关注。

随着国家对教育工作要求力度的加大和素质教育在全国范围内的深入推广，使作为美育中不可缺少的舞蹈艺术教学也随之蓬勃起来，学习舞蹈的少年儿童犹如雨后春笋般不断增多，社会上形形色色的学校和教师也突然多了起来。某某老师原来是搞戏曲的，后来改教舞蹈了，且什么都敢教；某某老师从幼师刚毕业，现在正教芭蕾舞；某某老师是体操教练，教舞蹈也不在话下。还有一些课堂恐怖的压软功，练技巧，小一点的孩子哇哇哭，大孩子咬牙“坚持”，使这些孩子一看老师就腿软。这些现象和教育方法使本应充满了童趣的儿童舞蹈教育变成了如此境地，让人恐慌。

说到底，儿童舞蹈艺术的使命是育人，它是通过各种儿童化的舞蹈形象，传递有利于儿童身心健康的发展，使其潜移默化地从中接受教育。

舞蹈的表现手段是通过舞者的身躯四肢和表情、人体有规律的动作，构成舞蹈语言的基本要求，这是舞蹈艺术区别其他姐妹艺术的基本特征，基于舞蹈艺术的基本表现手段，必然产生独特的教育方法和训练内容。

更何况少年儿童正处于身体各个方面成长发育的阶段，由于年龄制约势必会出现体质、接受能力、表达能力、理解能力等各方面的差别，所以，教师必须遵守和掌握儿童舞蹈教学的方法步骤、规律及原则进行施教。

著名的情境教育家李吉林老师经过数十年的潜心研究，认为："情境教育利用移情作用，形成身临其境的主观感受，且在加深情感体验中陶冶情操。……随着情境的延续，儿童的情感逐步加深，最终情感弥散渗透到儿童内心世界的各个方面，作为相对稳定的情感态度、价值取向逐渐内化，融入儿童的个性之中。"由此不难发现，优化的教育情境可以将幼儿的学习兴趣激发出来，帮助幼儿自主地、投入地参与活动，形成积极的情感体验。

如在欣赏舞蹈乐曲《小鸟的舞》时，幼儿被优美的旋律所吸引，教师在让幼儿熟悉舞蹈乐曲时，根据音乐的情节，脸上的表情时而喜悦，时而忧伤，时而严肃……在老师的感染下，幼儿开始思考，开始说出不同的感受，并用动作表示。

有的孩子说："这个舞蹈中的小鸟好像不快活，应该这样做。"有的说："小鸟碰到问题了，我们去帮助它吧。"教师用心组成的无声语言启迪了幼儿，为进一步尝试分析作品奠定了基础。在分别扮演角色鸟妈妈和小鸟儿的过程中，教师用生动形象的语言，创设"蓝天白云"的意境："在一片蔚蓝的天空里，鸟妈妈带着小鸟们学飞。"幼儿听着音乐，跟着我有时学小鸟飞，有时学小鸟跳。在练习的过程中，看到某幼儿手臂抬得不够高，就说："哎呀，我的小鸟怎么啦？翅膀抬不起来，飞不动了？"幼儿在愉快的情境中，很快将手的动作自觉改了过来。在整个教学的过程中，教师没有重点讲究高超的技能技巧，而是通过游戏与联想，使幼儿身临其境，从中获得情趣和美感。游戏不仅使幼儿学会舞蹈，还大大提高了他们学习舞蹈的兴趣。

如在音乐活动《小鸟的一天》中，开始幼儿仅能用鸟飞动作来表现，教师用"小鸟一天里会干些什么？可能发生些什么事情呢？"等问题帮助幼儿展开想象的翅膀，在第二次创作中，一位幼儿不断地啄地再飞回，他告诉大家："这是鸟妈妈在帮鸟宝宝捉虫吃呐！"

教师用很惊讶的口吻说："你怎么这么聪明啦！真棒！"得到老师的鼓励，孩子非常高兴，在第三次创作中，他又做出了抖翅膀的动作，其他幼儿在他的启发下，也相继创编出了盘旋飞、两只小鸟喳喳叫等动作。

活动结束了，可孩子们却意犹未尽，纷纷要求："老师，我们下次还做小鸟好吗？"得到首肯后，孩子们马上响起了雀跃的欢呼声，为再次有效搭建幼儿的舞蹈活动提供了支点。而教师也在和孩子发生真正的精神层次上的相互作用中，彼此敞开与接纳，形成了相互激发，相互提高，互补和互生的生态关系。

我们要不断努力地去了解、激发、巩固孩子们处于萌芽阶段的舞蹈兴趣，虽然并不能看到一个个成功的舞蹈家的诞生，但是我们要在这些幼小的心灵埋下了一颗颗希望的种子，使孩子们从"要我学"转为"我要学"，有效地促进孩子各方面能力的提高，使孩子的潜能获得充分发展，为孩子今后的可持续发展奠定了良好的基础。

教子箴言

舞蹈教育应着眼于孩子在舞蹈中得到愉悦，享受音乐的美、动作的美，寓教育于自由、活泼、欢快、幸福、高尚、纯朴之中。

孩子是否适合学习舞蹈

穿上薄薄的纱裙，高高地踮起脚尖，像天鹅一样舞蹈……很多女孩子小时候都曾经做过这样的“天鹅梦”吧！

现在，很多父母想把孩子送去学舞蹈，不是想让孩子成为优秀的舞蹈演员，只是想让孩子练练形体和气质、培养培养兴趣。可是，各种可靠或者不可靠的消息却让父母们有点犹豫：体形好的孩子才能去跳舞；学跳舞会让孩子变“八字脚”，还会长不高；学舞蹈对孩子的骨骼发育不好……

针对家长的这些问题，有记者专门走访了上海市长宁区少年宫舞蹈指导老师，中学高级教师朱惠毓。

芭蕾舞 OR 民族舞 OR 拉丁舞

目前上海的少年宫中，民族舞和芭蕾舞占据了舞蹈班的大半，但也有一些少年宫开设了儿童拉丁舞班。那么，对于 3 ~7 岁的孩子来说，学哪种舞比较合适呢?

记者：学龄前的孩子，比较适合跳芭蕾舞，还是民族舞，或者拉丁舞?

朱老师：如果想让孩子往专业方面发展，要看他的先天条件适合哪一种；如果只是想培养孩子的兴趣爱好，陶冶情操，这三种舞都可以学。

少年宫的教学不是商业性的，收费标准比较低，具有普及性，教师也都有相应的资格证书，如果想让孩子学得专业一点，可以到少年宫去选择相应的舞蹈班和舞蹈老师。

记者：有些妈妈觉得孩子学芭蕾太辛苦，学民族舞或拉丁舞会不会省力一点呢？

朱老师：学习任何舞蹈都是辛苦的，但只要认真对待，就会发现乐趣。

相对来说，芭蕾的专业性比较强，但它是学其他舞蹈的基础，就算孩子学民族舞或者拉丁舞，一开始除了软开度训练外，也都要进行芭蕾基础训练，这对孩子将来学其他舞很有帮助，即使是专业的舞蹈学校也都是这样的。

记者：既然要进行芭蕾训练，对孩子来说会不会太苦、太难？

朱老师：因为学龄前的孩子对音乐和舞蹈缺乏理解，只能模仿，所以刚开始学的一年到一年半里，一般都是以启蒙为主，在游戏性和趣味性的前提下，让孩子慢慢对舞蹈有所感受和认识。在这一阶段，主要是让孩子练一些带点某一舞种风格的基本动作，如拉丁风格或者民族风格，只要孩子能抓住节奏，跟上音乐动起来就行了。

对孩子进行比较正规的舞蹈训练，一般要到小学以后才开始。

记者：训练的过程会不会让孩子觉得很枯燥、很无趣而不愿意学呢？

朱老师：在教学的过程中，我们一般都会进行调节，尽量使这段时间充满乐趣。比如学民族民间舞，老师会安排半个小时让孩子进行基础训练，半个小时教孩子学一些民族舞的单一动作，剩下的时间就把学过的动作串联起来，编成一个有趣的舞蹈小品，让孩子一起跳。这样孩子的兴趣一直很高，也不会觉得枯燥了。

记者：儿童拉丁舞是个“新事物”，您觉得适合孩子吗？

朱老师：拉丁舞属于体育舞蹈的范畴，现在上海也有少年宫尝试搞这个项目。只要父母和孩子喜欢，学拉丁舞也未尝不可。

需要注意的是，在学习拉丁舞的过程中，父母要防止孩子出现成人化倾向，心理过早成熟。

男孩子会变“娘娘腔”吗？

很多人都认为学跳舞，孩子一定要体形好，长得漂亮，认为这是女孩子的专利，是这样吗？

记者：少年宫舞蹈班一般招收几岁的孩子呢？

朱老师：一般来说是幼儿园中大班的孩子，但目前3岁就来学舞蹈的孩子也非常多。

记者：学舞蹈对孩子的体形有要求吗？

朱老师：以前的父母送孩子来学舞蹈，常常是希望孩子将来可以成为舞蹈演员，所以我们在招收学生的时候，一般都会挑形体比较好的孩子。

现在更多的父母只是想通过学舞蹈，培养孩子的气质，所以，我们的招生范围就扩大了，无论孩子高、矮、胖、瘦，只要他想学，我们都欢迎。

当然，随着时间的推移，那些比较适合在舞台上表演的孩子，相对来说，会得到更多的演出机会。

记者：是不是任何个性的孩子都可以学舞蹈？

朱老师：我的感觉是，太内向、太“含而不露”孩子不容易学好舞蹈。因为舞蹈需要激情，如果太内敛的话，爆发力不够，就会影响舞蹈的表现力和感染力。

记者：男孩子可以学舞蹈吗？

朱老师：当然可以。只要他有兴趣，就应该支持。

记者：有些父母怕男孩子跳舞会变成“娘娘腔”。有这个可能吗？

朱老师：有这个可能性吧！这不是舞蹈训练本身造成的，而是由环境引起的。如果个别男孩子长期跟着许多女孩子一起训练，容易使他的举止比较女孩子气。

如果能单独开设一个班级，把男孩子集中在一起，由男老师根据男演员的教材对他们进行训练，情况就会得到改观。

孩子会跳出“八字脚”吗

练舞蹈的时候，拉韧带、学站位都是很平常的事情，但这些训练会不会影响孩子的骨骼发育，或者让孩子变成“八字脚”呢？

记者：很多父母担心孩子练了芭蕾，会出现“八字脚”，真有此事吗？

朱老师：现在到我们这里来学跳舞的孩子，“斗鸡脚”（即“内八字”）的很多。因为芭蕾基础训练要求“开、绷、直”，所以，跳舞可以对此进行矫正。但是跳舞练出“八字脚”的情况，我教了30年舞蹈，至今也没发现过。

有些孩子学了跳舞之后，走路时会稍微带一点点外八字，这种情况是有的，但是不影响孩子的形象。

当然，如果在学的过程中方法不对，那就很难说了。

记者：还有一种说法是练舞蹈会让孩子长不高，有这回事吗？

朱老师：不会的。长个子是骨骼的事，而舞蹈练的是身体的柔韧性，拉的是韧带，两不相关。

记者：有些父母把孩子送去学跳舞，是希望他可以借此减减肥，能达到这个效果吗？

朱老师：一般来说，跳舞不能达到全身减肥的效果，它能达到的效果是局部减肥，比如腰腹部。所以想通过跳舞让孩子完全变瘦是不太可能的。

特别需要指出的是，大腿特别粗的孩子不适合通过跳舞来减肥。因为在进行基础训练，特别是芭蕾基础训练的时候，力量都在腿和脚上，这会让腿部变得非常结实，从某种程度上来说，两条腿看上去会显得更粗。这就是为什么芭蕾舞演员一定要求双腿很修长的原因，这可以保证腿在长了肌肉后，看上去仍然很修长，很美。

父母需要做什么？

孩子每学一样东西，父母总是跟前跟后，辅导、陪练都是父母的职责。在学舞蹈这件事情上，也是一样吗？

朱老师却说，父母用不着“陪跳”。只要让孩子自由自在地发挥他的兴趣，平时在家里督促孩子自己练习就可以了，千万不要像辅导孩子学英语学数学那样紧盯着他。

朱老师讲了一个故事：有一次她上课的时候让孩子们在把杆上压腿，一个爸爸知道了，回去后每天都要让孩子压腿，有时还亲自上阵拼命压孩子的腿，弄疼了孩子也不知道。孩子吓坏了，再也不肯来学舞蹈了。

如果父母真想为孩子学舞蹈做点什么的话，那就替孩子找一个好老师吧！这是非常重要的。

警惕：如何避免意外伤害？

近期，上海某少年宫发生了在舞蹈练习过程中，一名女孩子摔倒导致下身瘫痪的事件。那么，在学习舞蹈的过程中，老师、父母和孩子该如何避免发生意外伤害呢？

朱老师认为，老师、父母和孩子三方面对此都需要提高警惕。

对老师来说，除了必须用科学的教学方法外，还要考虑到孩子的承受能力，逐步推进，让孩子做他力所能及的动作，不要过早地让孩子学一些有难度的技巧性动作。如果需要让孩子学一些有难度的动作，一定要对孩子进行一对一的辅导。如果这些动作需要孩子回家复习，那么要把正确的操作方法告诉父母，同时完整地演示一遍给他们看，让他们掌握。

对父母来说，要仔细看老师是如何帮助孩子完成这些动作的，掌握正确的方法后才能在家里辅导孩子练习。如果不能确定的话，就干脆不要让孩子在家里练。

同时，老师和父母都要告诫孩子，在学一些比较难的动作，如翻跟斗时，千万不能自己单独练习，一定要有大人看护。

教子箴言

孩子是天生的艺术家，而幼儿舞蹈可以多层次地集知识性、趣味性、游戏性、创造性、即兴表演于一体，多元化的融合形式，促进了孩子在生长发育阶段对感知觉、注意力、思维、情趣、表现、模仿等的认知。所以，幼儿舞蹈的培养具有普适性，只是目的不同罢了。

第七章

钢琴让孩子高贵

钢琴的魅力，已经远远地超过了它作为乐器本身的意义，人们称钢琴为“乐器之王”，是因为它的表现力极为丰富，又是最难掌握的乐器之一。但它的魅力却没有因为它的难以掌握而有丝毫的减少，反而，越来越广泛地受到人们的喜爱。钢琴学习在教育中的作用已越来越被人们发现而得到重视，不论是幼儿还是少年，就连成人和老人也加入了学琴的队伍，通过钢琴学习使学生在学琴过程中看到了自己的音乐潜能和学习多种才艺的可能性，为学生的知识结构的拓宽注入了新的动力。

孩子为什么要学钢琴

从钢琴的 88 个琴键中流淌出的美妙旋律令无数人为之折服，从古典音乐时期的海顿、贝多芬，到浪漫主义时期的肖邦、舒曼，一直到现在，钢琴神童李云迪、郎朗等的出现，多少音乐巨匠为之付出了毕生的心血。

20 世纪享有盛誉的匈牙利作曲家、民族音乐理论家、音乐教育家柯达伊在 1941 年发表的《音乐在幼儿园》一文中谈到，现代心理学的研究令人信服地证实了 3 ~ 7 岁的年龄是最重要的受教育阶段，这个年龄段被损坏、被疏忽的地方，将来难以弥补，这个阶段影响着人的一生的发展，全面的教育体系是建立在早期音乐教育的基础上的，童年形成性格时期的音乐教育是所有教育者需要重视的问题。

现在，越来越多的家长为孩子选择了学习钢琴，但是，为什么要投入巨大的资金和精力让孩子学钢琴？学习钢琴究竟有什么意义？许多跟风而上的琴童家长并不真正清楚。

1. 手巧才能心灵

专家发现，如果想培养出智力发达、头脑聪明的孩子，那就必须经常让他活动手指。因为手指的活动能够刺激大脑皮层中的运动中枢，进而促进全部智能的发展。

钢琴的练习和演奏都是一种“生动的动态系统”，始终要求听觉的专注、敏感，十个手指在各自独立的前提下积极活动，双手不同的动作，全身肢体都要协调配合。

可以说，没有任何一个项目能像弹钢琴那样需要大脑协调起眼、耳、口、手、脚的同时参与。这种综合性的活动不仅会锻炼大脑的复杂性，而且能激发人的想象力、创造力。在这样生动的动态系统中持久锻炼，必然对孩子的生理、心理和思维的健康成长产生有益的影响。

人的一生有两个重要的音乐才能发育期：一是学前的2~6岁，二是学生期的12~15岁。就学习钢琴而言，4~5岁的儿童已经有了一定的手指综合控制力，是开始学琴的最佳时期。大量事例证明：从幼年开始学习钢琴的孩子，入学后，在理解能力、接受能力、想象力和创造性思维能力等方面，都显著高于一般孩子。

2. 钢琴音乐是一所大学校

从最早的巴洛克时期的巴赫，到古典主义时期的贝多芬、莫扎特、海顿，再到浪漫主义时期的肖邦、舒曼，无数的音乐巨匠为钢琴写下了数不尽的钢琴独奏曲，这是一笔无价的、具有永恒魅力的精神财富。学习钢琴，就走进了这所完整的音乐学校，就可以亲身接触、直接领受这笔财富。

同时在这里学到的将不是单一的、某一侧面的音乐知识，而是构成音乐艺术最主要的基本元素，理解音乐思维所应用的基本语汇、语言和语法。不仅有旋律知识、和声知识、复调知识和音乐史知识，还有音乐形象、音乐内容、音乐意境和音乐风格等音乐美学知识。

实际上，在钢琴学习中学到的，将不只是钢琴知识，还有全面提高音乐的感受力、理解力和思维力。这方面的能力提高了，对室内乐、交响乐等非钢琴的音乐作品，也会有更高的理解能力。弹奏钢琴需要相对熟练的技术、技巧，掌握技术、技巧需要有规律的、正确的、恒久的训练，这种训练需要毅力、耐力、信心和勇气。所以，钢琴学习对于培养孩子坚强的意志、顽强进取的品质以及踏实、严谨、科学的方法，都有很好的作用。有学生家长说："自从孩子学钢琴以后，别的不说，起码指甲知道剪了，不再像以前那样又长又脏了。"也有家长说："我女儿以前就是一个假小子，整天上蹿下跳，比男孩子都要调皮，学了这几年钢琴，变得懂事、体贴人了，而且，在班里还一直是班长。"这就是钢琴在潜移默化中对人的积极影响。

古人将"琴棋书画"定为必修课，"琴"首当其冲，所以，懂音乐、会弹琴，更能增加一份灵气。

3. 学琴的孩子不会变坏

"孩子学钢琴不会变坏"，本是一家琴行的广告语，也有其一定的道理。一个人所谓"变坏"，不外乎从贪图吃喝玩乐一类物质享受开始，而经常参加艺术活动的人，追求的则是精神境界上的完美，对于物质的欲望，要淡泊许多。学习钢琴，就是练习控制情绪的一门艺术，久而久之，在学习钢琴的过程中，孩子也就练就了调控自己情绪的能力。

被称为“交响乐之父”的海顿，青年时期因为贫困几乎成为维也纳街头的流浪者，但在他栖身之处，碰巧有一架别人弃置不用的破旧古钢琴，正是这架钢琴，陪伴他度过了一生中最艰难的时光。多年后他回忆说，每当夜晚坐在这架钢琴面前时，觉得世上最富有的国王也没有他幸福。正是这精神的富有，使他终于战胜了物质上的贫穷，成为伟大的作曲家。

教子箴言

学习钢琴也是孩子学会审美的过程，他们有审美的能力后，也会有“审丑”的能力，也会进一步分善恶、辨是非，从而可以从容应对社会上的种种现象。同样的，钢琴学习还对锻炼孩子与人和谐相处有着很大的作用，特别站在舞台上与观众交流时，能让人克服胆怯，处事落落大方，从而充满自信。

学琴使孩子的未来更美好

音乐是人类表达情感的一种方式，也是人类的另一种“语言”，它能沟通人与人之间的感情，使人们学会用另一种方式来理解世界。美好的音乐不仅给人生带来极大乐趣，使人愉快健康，还能陶冶人的情操，因此，人类对于音乐的爱好和需要是非常普遍的。钢琴正是深受世界各国人民喜爱的乐器之一。

随着人们生活水平的提高，有钢琴的家庭越来越多了，许多父母也开始让自己心爱的孩子学弹钢琴。学弹钢琴不仅丰富了孩子的生活，促进了身心健康，增加了音乐素养，还能在美好、高尚的音乐之中不知不觉陶冶性情。通过弹奏的训练，也能锻炼孩子克服困难的毅力及培养良好的学习习惯。

由于弹琴必须要手指动、耳朵听、眼睛看、脑子想，这就发挥了听觉、视觉、触觉等多种感官的综合作用，刺激了脑细胞的发育，提高了孩子的观察力、理解力、听辨力、记忆力、想象力等，使孩子的智力得到提高。

因此有人说学习音乐，练习弹钢琴能使孩子更聪明一些。是的，音乐是一扇通向人们创造思维和形象思维的“窗户”，孩子从小受到较多的良好的音乐教育，尤其是通过学习各种乐器，就会使他较快地找到打开这扇“窗户”

的钥匙，不仅使他有一个广阔的视野，有利于智力的开发，同时对一个人的文化素养、道德风尚、情操、性格等的形成也起着重要的影响，而这种影响的形成却往往是不易被人们所察觉的。

当你在欣赏那优美动听的乐曲，在刻苦地进行技巧训练，在“月宫”中漫游时，它却从那“窗户”将音乐之光悄悄地照射在你的心灵上。

因此无论孩子长大后从事什么职业，从小学习音乐都会对他的未来和事业起着我们所预想不到的作用。翻开历史可以看到爱因斯坦、罗曼·罗兰、列宁、恩格斯……他们都是音乐的忠实爱好者。也有的孩子成长为艺术工作骨干。他们无论是成为电影、戏剧，还是舞蹈、美术工作者，都会深深感受到从幼年的钢琴学习中获得的音乐素养给予他们所从事的其他艺术事业以莫大的帮助。还有的孩子由于打下了良好的钢琴基础，使其今后继续学习弦乐、管乐、民乐、声乐、作曲、指挥等音乐专业更加顺利。

一部分孩子，由于音乐素质好，从小受到严格的训练，主观上又以坚强的毅力进行了坚持不懈的努力，使音乐和技术的发展较为全面，终于成长为钢琴专业的优秀接班人，他们将在祖国和世界的乐坛上更添异彩。他们无论是钢琴独奏家、钢琴教师还是钢琴伴奏家，都将终生难忘那幼年的钢琴启蒙教育，以及为他呕心沥血的双亲。

教子箴言

在钢琴学习中学到的，将不只是钢琴知识，还有全面提高音乐的感受力、理解力和思维力。这方面的能力提高了，对室内乐、交响乐等非钢琴的音乐作品，也会有更高的理解能力和鉴赏力。

选择什么样的钢琴老师

一个好的老师，对于学生的影响或许是一生的，很多家长在给孩子找钢琴指导老师时，苦于找不到好的指导老师，而最终影响到孩子钢琴的学习。在社会专业机构，有专业的指导老师，也有一些艺术学院的学生，教学水平也各不相同，孩子要想在钢琴方面有所造诣的话，就需要家长认真给孩子找一个可靠的老师。一般找钢琴指导老师有以下几点需要注意：

1．找老师要特别慎重。好多家长认为，刚开始可以随便给孩子找一个钢琴老师，或者干脆找个不花钱的带带孩子，殊不知这谢家长犯了致命的错误，也是对孩子极不负责的表现。我们都明白，不合格或不负责的老师不但不会把孩子的基本功打得牢固，反而会使孩子养成很多以后难以克服的毛病。尤其在初级时期，特别是手型、手臂、拇指及各指关节、指法、手指站立等，这些问题在初级阶段似乎不是很明显，但会带来很多隐患，钢琴的学习是要求非常精密的一种高难度操作技术，基本功不牢固，会直接影响以后的学习，尤其是到高级水平。好多孩子半途而废，这跟初级时期的基本功练习有直接的原因。如果你的经济条件允许，如果你希望孩子能弹好钢琴并顺利地达到高级水平，请务必重视这一点。

2．不要轻易更换老师。一旦找到合格的钢琴、电子琴老师，就不要随便换。因为不同老师有不同的要求和教学风格，换来换去，会使孩子无所适从，从而失去了学钢琴的兴趣。再者，更换老师需要很长的时间才能相互适应。

3．启蒙老师会给孩子带来哪些影响：我们都知道家长是孩子的第一个启蒙老师，家长给孩子带来的影响是不言而喻的；至于钢琴启蒙老师给孩子带来的影响是好是坏，主要取决于钢琴老师素质的高低。譬如：老师的言语、行为、习惯等。

4. 最好不要把老师请回家授课。因为在家上课，学生本身就有一种优越感，往往使学生思想松懈、注意力不集中。对老师而言，往往又碍于情面，无法严格要求学生。表面上是节省了家长的时间，实际上是滋长了孩子的好多优越感。明智的家长一般不会选择把老师请回家的做法。

5. 钢琴演奏家和教育家不是一回事。并不是所有的演奏家都能教好学生，也并不是所有的教育家都能教好学生。这个道理大家都明白，演奏家偏重于演奏技术、技巧、乐曲处理、舞台表演等，但不一定有很多的教学经验。所谓的教学经验就是：在孩子学琴过程中，老师能根据孩子出现的问题有针对性地及时纠正；有宏观的教学计划和教学大纲。

教子箴言

一步到位找个好老师，是孩子是否学好、是否坚持下去的关键之一。合格的老师不仅要求有较高的演奏技术，而且更重要的是要有高度的责任心和奉献精神。能根据学生的个性调整教学安排与要求！教师的原则是：永远不能说学生“笨”！

家长做好合格的监督人

弹钢琴是一件比较辛苦的事情。父母如果有让自己的孩子学习弹琴的打算，则要有打“持久战”的准备，保持平和的心态。孩子学琴的成效与持续性，在很大程度上取决于父母的韧性和耐心，父母能够坚持，孩子同样也会坚持下来。

1. 做好准备再学琴：学音乐是高消费、高投入，是精力、财力的持久战，切记不能停停学学、学学停停。这样不如不学，要一鼓作气。有的家长不具备让孩子学音乐的条件，还没有充分的思想心理准备和充足的经济后盾，就匆匆开始，由于精力、财力的巨大消耗，再加上孩子学习进入平台期，所以容易导致家长急躁、唠叨孩子，从而使孩子丧失兴趣，导致一种恶性循环的逆反心理。

2. 认识到孩子的进步和平台期：我们看到学生进步时，老师、家长不能沾沾自喜。此时，正是容易养成其错误的最佳时期，许多家长感觉到自己的孩子能胜任好多曲子，从而放松了监督，让孩子自由。实际上这是家长的误区。恰恰相反，此时是孩子学习的停留期，好多错误、毛病就是此时遗留下来的；有的老师也放松了警惕，导致学生无法达到很高的水平，中途就放弃了。另一方面，孩子老是不能进步，长期处于一个水平，这就是所谓的“平台期”，每个人都会遇到，有好多家长认为孩子没有才气，所以在此时又匆匆放弃了学习。实际上这个时期孩子正在做量的积累，正在进步，这个时候可以放松一点儿，最重要的是可以减轻孩子的压力。

3. 家长对孩子要有度的把握、正确引导。这个“度”很难把握，那就看家长的智力水平了。谁能把握得好，谁的孩子就会得到正确的引导。好多家长对自己的孩子在音乐上有过高的估计。

要记住：事实上每个孩子的智力都相差无几，你的孩子也不会生来就是天才。真正五音不全的孩子，也占不到1/1000。重要的是你的孩子能不能在正确的引导下努力、刻苦、拼搏；不能无限制地依着孩子自由散漫，凭兴趣爱干什么就干什么，要恰到好处地给予收拢；更不能收得过紧，那样会束缚甚至会断送孩子的创造力。我们知道音乐最需要丰富的想象力和创造力。

4．孩子的错误：正确认识孩子弹琴过程中出现的错误。钢琴学习上允许孩子犯错误，只有看到了错误才能回避它，钢琴进步的过程就是在老师的指导下改正错误的过程，所以老师、家长需要宽容多于惩罚和责备。

错误有两种：（1）无意识错误。（2）习惯性错误。前者是指由于孩子在看谱子时，同时要顾及很多问题。譬如就音乐本身要注意到节奏节拍、速度、音的位置、指法、强弱，另外还有力度和音乐的表现等；就孩子本身来说要注意到手形、手臂、手指的站立等。同时要注意到如此多的问题，特别是对孩子来说难度是比较大的。在这种情况下，大脑反应的灵敏度是有限的，这也是为什么孩子在第一次读谱子时，总出现好多错误的原因。不出错误且做到很熟练，这需要一个复杂的心理接受和适应过程。这种无意识错误是允许出现的；但是无意识错误如果一次或多次被老师指出并不能得到及时解决，很容易成为习惯性错误。这就要坚决杜绝了。

家长和老师在批评孩子时，首先要分清这两种错误再下结论。否则孩子会对你说："要不你来弹试试！"

5．做家长应做的事情。好多家长在上课时凡事好问个追根求源，特别是与上课无关的课外话题，耽误其他学生上课。音乐是个非常庞大的艺术综合体系，它的教学更是多个层面的，包括社会科学、人文科学等多种综合学科。家长也不可能完全弄明白，最终也不会跟上学生的进度，所以知道每节课老师的作业要求、回家如何辨认学生的错误、如何监督孩子练琴就已经足够了。

教子箴言

著名教育家苏霍姆林斯基说：“音乐教育的主要目的不是培养音乐家，而是培养人。”学习钢琴的意义不仅是学会弹奏技巧，更重要的是培养孩子的耐力、毅力和吃苦精神，培养孩子做事严谨、认真、完美的作风，培养孩子追求进取、向上的精神，全面提高孩子的素质。

学钢琴到底培养了孩子什么

如今学习钢琴已经成为时代的潮流，许多家长都纷纷让自己的儿女从小开始学习钢琴。那么，学琴到底有什么好处？到底培养了孩子什么？

1. 音乐感的培养

有人说，音乐感是爹妈给的，意思是说，有人生来就是音乐感好，天生就是学音乐的料，也有的人生来就不是学音乐的，是不具备培养可能性的。很多人不太同意这种说法。其实，每个人的先天素质确有很大差异，这要看到，要承认，但是后天有意识地培养，有目的地引导，也有很积极的作用。

一个好的教师，应该能把一些在音乐方面天赋一般的学生引进音乐之门，使他们逐步提高音乐理解和音乐表现的能力，而逐步做到有音乐感地演奏。

从教学中所接触的情况来看，大多数学生都有较好的天赋，应该说这些学生都具备被培养、造就的条件。当然，我们不否认他们中有天赋特别突出的，也有特别不愿意和不适宜学习音乐的，但这两种情况都只是个别的，是极少数。

有一个男孩子很聪明，手的条件也非常好，耳朵的听力更是突出，别人在钢琴上任意按下一堆音，他能把一个个音名说出来（当然是在眼睛不看、全凭听觉的情况下）。这样的学生，无疑是有音乐天赋的，但他花的努力一点儿也不比别人少。

在初学阶段，他一星期要弹好、背出 10 ~ 15 首曲子，而且曲曲完整，也有音乐表现。他不仅平时的练琴时间比同龄的孩子多，还能随时有选择地欣赏一些自己喜欢的曲目，每天晚上他都在音乐伴随下上床入睡。他的家长也努力给他创造一个音乐的氛围，每天早上都用音乐叫醒他，放他喜欢的乐曲伴随他开始新的一天。有了这样的努力，又有这样的环境，他的音乐理解能力和表现力不能不突出。可见，即使才能、条件都超乎一般的孩子，他的努力和追求也必须超过一般人，才可能走上成功之路，这就印证了“天才出自勤奋”。

实践证明，那些学习钢琴半途而废的学生，往往都是平时不肯好好练琴的。每次上课错音连篇，经常谱子也不认识，键盘也找不到，往往上了许多次课连一个曲子也连贯不下来，错音、毛病总也不改。仔细分析起来，这些学生学不下去并不是因天赋不行，他们的问题在于不肯下功夫。其实只要下点儿功夫，他们马上会好一些的。往往这类学生在学校的功课也是粗心大意、马马虎虎。有些很聪明的孩子，被不良的学习态度和习惯耽误了，真让人惋惜。

也有一些很没有条件和“才能”的学生，经过努力，有了良好的表现。有一个女孩子，父母都是工人，且完全没有接触过音乐，所以在家中孩子可说没有任何音乐环境。这样的孩子学习起来的确很苦，往往在弹奏方法上、节拍上都对了，而音乐的感觉就是出不来。后来经过老师的正确启发和指导及她自己的艰苦努力，她终于有了一定的音乐感觉，并在考级中被评为优秀。这个成绩，老师和家长都深知是来之不易的。

我们面对的大多数学生，都不能说是天才，但他们大都有正常的智力，且有学习钢琴的愿望。教师的责任是把这些学生带入音乐之门，引上音乐之路。

学钢琴首先要给学生创造一个音乐的环境。钢琴是一种外来乐器，大多数传统的优秀教材、乐曲来自欧洲，因此它的音乐语言也是外来的。这就跟学外语一样，要有语感，光靠音标、字母拼出来的外语，总让人觉得生硬，必须多听，多感受，潜移默化。

现在电台里经常有好的音乐节目，家长可以多留意，到时候录下来。并不限于钢琴，可广泛一些，其他乐器的、交响曲的、声乐的，都可以，经常积累一些资料。学生眼下功课都很多，不一定有专门的时间来欣赏音乐，家长不妨在进餐时、起床后、就寝前放上音乐，学生有意无意地便接受了音乐的熏陶，逐步对音乐语言、形象、气氛、音色等，有了感性的认识。这种潜移默化的影响，不一定立竿见影，但是逐步地能从量变到质变，大凡音乐感好的学生，都得益于这种熏陶。

上述的做法，对任何家庭都不难做到，因为收音、录音的条件是每个家庭都具备的。如果有条件的话，可以去买一些录音带和激光唱片，选择一些重要的经典曲目。在学生学到一定程度时，音乐欣赏可更有目的地进行，让其比较专题化。

如学生弹奏莫扎特的奏鸣曲或变奏曲，平时就可以集中听莫扎特的各种类型作品，让其对莫扎特的风格、特点有专门的感受。亦可把音乐分为大的时期来欣赏，如巴洛克时期、古典时期、浪漫时期等。譬如海顿、莫扎特、贝多芬都属于古典时期，就可以有意识地放在一起听听，感受它们的共同点和不同点。

对初学的学生来讲，除了广泛的听和感觉外，更应注重对自己所学教材的熟悉和模仿。这方面，教师的要求是起主导作用的。教师应对教材进行深入研究，让学生明确音乐形象、情绪，并明确通过哪些弹奏方法来达到动听鲜明的弹奏。

全国学习钢琴非常普及，而好的教师又不是到处都有，这时候则应借助于音像制品来促进教学。现在一些基本的钢琴教材都有示范的录音带甚至带讲解的录像带，这些音像带对教学能起到广泛的指导作用。

学生通过熟悉、模仿，逐步到有自己的独立音乐见解，具有主动的音乐感、表现欲，这就需要不断地听和熏陶。居住在大中城市的学生，有条件的要争取多听各种音乐会，因为钢琴是表演艺术，必须多看、多听现场的演奏。

要是没有听现场音乐会的条件，也可注意收看电视中的音乐会转播。现在，这种机会还是经常有的。只要有心，是不会错过的。

再进一步，就是多给学生提供给别人表演的机会。练了那么长时间，给人表演能否把自己的音乐感发挥、表现出来，就是一个重要的问题，这是人人迟早都要面对的。在学生中也有不同的性格、不同的情况，有的人性格放得开，不在乎，甚至越有人看越得意，越来劲。这样的学生一般都喜欢上台表演，但要注意的是，不要因过分兴奋、激动而失控，弹得过快，在演奏时既要保持投入、兴奋的优点，但又要从容不迫、头脑清楚。

对于一些性格较内向、胆子比较小而又容易紧张的学生，一定要让他们在演奏前多弹给人听，家里有客人来，就让学生为客人表演，还可以带学生去别人家表演，也可组织几个学生一起开小演奏会，互相观摩比较，这会有很大的促进作用。

钢琴作为表演艺术，难在表演时就这一遍。平时练百遍、千遍，也许自己在家里弹得很不错，但是要别人承认你弹得不错，就必须在演奏这一遍时发挥好。

有时我们很羡慕搞美术的，画一幅画，可以在家里一点点地去琢磨，去修改。一旦画好了，这幅画就永远不会再变化，除非作者想对其再加工。而我们的演奏，每次都要重新开始，在家弹好了，不一定上台演奏就能一样好。有的学生弹错了，会说“我在家弹得挺好的”，这样解释没有用，因为你在家弹好的那一遍，无法弥补你这一遍的错误。也有学生说“我第二遍就能弹好”，那也不行，因为无论是表演，还是考级、考试所承认的永远是那个第一遍。为了弹好这一遍，我们要做很多努力，除了练习充分外，很主要的是不放过任何一次锻炼的机会。

除了给别人弹，也可借助录音、摄像，录下来自己听，看看优、缺点，因为在有录音或摄像的情况下，比较接近演奏的感觉，与一个人无拘无束地弹心理上大不一样。经过这些锻炼，学生在演奏或考级中，就能有充分的思想准备。

教子箴言

孩子从小受到良好的音乐教育，不仅能使他们提高音乐素养和艺术修养，而且对培养严谨而踏实的学习态度、自觉刻苦的学习能力有重要意义。同时对一个人的文化素养、道德风尚、情操、性格的形成也有着潜移默化的影响。

什么年龄学钢琴合适

在音乐天地里，钢琴是很受人们欢迎的一种乐器，被人们誉为“乐器之王”。从人的生理状况、智力开发以及学习环境来看，钢琴是最适合从小就学习的一种乐器。世界著名的钢琴大师们，大都是从幼儿时就开始学习钢琴的。被称为“神童”的莫扎特3岁就学习钢琴，4岁便能举行独奏音乐会；被誉为“乐圣”的贝多芬，5岁学琴，6岁便登台演奏；钢琴大师肖邦、李斯特以及音乐巨人舒伯特、舒曼等都是6岁便开始学习钢琴。可见，开始学习钢琴的最佳年龄应以5岁为宜。

5岁以前，小孩的手指还没发育完全，手指没力，不适合过度练琴。而且过早学琴，看复杂的谱，会影响孩子的视力。因此，5岁前，孩子可以参加音乐班，先体验节奏与学习简单的乐理。或者敲奏木琴，先锻炼左右手的双边协调！要是家长非得急着让小孩学，一定要找到对的老师，如果为了速度而过度练习，只会提前让孩子厌倦钢琴。

5岁是最适合孩子学琴的年龄。孩子已经有相对的独立性，接受知识的能力也已经建立。在国内，小学功课也很忙，在小学以前打好基础，是非常不错的选择。有家长问“小孩已经三年级了，忽然想学，现在会太晚吗?”音乐世界是随时随地都欢迎大家的！很多专业钢琴老师都不是从小学起的，同样能学得很好，甚至老年大学也有钢琴班，老人家也去参加比赛呢！音乐无处不在，而且应该伴随一生！

钢琴的结构与手风琴、电子琴不同，手风琴和电子琴的琴键属触摸式的，只需手指轻按便能发出音来，而钢琴每弹奏一个音大约需要30克的力（低音区需要的力量则更大），如果孩子学琴年龄太小，就无法达到这一力量要求，这不仅不能很好地学习钢琴的演奏，而且时间一长还会对孩子手指的正常发育有损害。到了5岁，孩子的皮质细胞已大致分化完成，中枢神经系统更趋成熟，肌肉的发育也更加完善，这为学习钢琴提供了良好的生理条件。

在5~6岁这段时间里，孩子一般都是在轻松愉快的幼儿园里度过的。这段时间，幼儿园没有繁重的家庭作业，所以回家后有充足的时间来练琴。初学钢琴是很艰难的，也很乏味，既要识谱，又要注意老师的各种要求。倘若把这段艰难乏味的初学阶段放在孩子上小学时期，由于负担过重，会给孩子造成心理上的压力。久而久之，便会两极分化，或是厌烦学校的功课，或是怯于钢琴的学习。

经过1~2年的学习，孩子对钢琴产生了一定的兴趣，也有了一定的基础。这时，即使再加进学校生活的紧张节奏也不会使孩子的学习重心发生偏移了。相反，弹一首轻松愉快的小曲，还可调节学校里紧张的学习气氛。这对孩子的智力开发、情操陶冶都有很大的好处。

教子箴言

学音乐不是要培养天才，而是为了提高孩子的素质，也就是说学音乐不是精英教育，而是素质教育，最终的目的是让孩子从音乐中体味到更多的人生。重要的是与孩子的天分结合，而不是与他人的孩子简单攀比，强迫孩子学习只会揠苗助长、适得其反。

什么样的弹奏姿势是正确的

有的孩子最初学琴时姿势不正确：驼着背、伸直胳膊弹；坐得很低、勉强够着键盘；坐得很近、胸脯贴着琴边弹；手指伸得直挺挺、手掌歪来歪去地弹……

有人说，姿势不对是小事，孩子还小呢，长大就会好起来的。常言道：苗栽得正，大树才容易长得直。从小学会用科学的弹奏姿势弹琴，才能逐步体会到正确地运用身体的重量和力量来触键和发声，提高弹奏的准确性，并增强与弹奏有关的生理功能的发育。

那么，什么样的弹奏姿势是对的呢？

1. 身体要对正键盘的中央坐得端正而不坚硬，上身略向前倾，但脊椎骨不可弯曲，背部和肩部要放松而不垮。

2. 双手放在键盘上时要使肘部和前臂的高度与键盘一致，初学的孩子也可略高于键盘，以体会手臂重量的运用。

3. 坐的距离以上身略向前倾，双肩自然下垂、左右肘部自然放松地稍向身体外侧展开时，双手能舒适地放在键盘上为度；下身则注意大腿根到膝盖应略呈坡状倾斜，膝盖的位置在琴边下，膝弯处到脚后跟不小于一个直角，双脚略向前伸摆稳定。

4. 手形应放松而端正，手指自然弯曲，用指端肉垫部分触及琴键。五个手指的指端之间呈半圆形，掌关节自然拱起，好像松松地虚握了一个圆球，手腕大约与键盘平行，不要拱起或塌陷。大拇指第一关节应略略弯曲，不要全“躺”在琴键上，仅以指侧端触及琴键靠近边缘的位置，四指和小指要注意站正。

正确的弹奏姿势可使学琴的过程更加顺利，少走弯路。教孩子用正确的姿势弹奏主要是靠向教师模仿，并适当地用一些孩子能理解的比喻来启发。

教子箴言

演奏钢琴需要相对熟练的技术、技巧，需要有规律的、科学的、恒久的训练。这种训练需要毅力、耐力、信心和勇气。所以，钢琴学习对于培养坚强的意志、顽强进取的品质，以及踏实、严谨、科学的作风，都有良好的作用。

怎样培养儿童良好的练琴习惯

儿童学习钢琴既要培养他们对音乐的兴趣，又要锻炼他们的毅力，而后者更为艰巨。应该说开始学习钢琴还是比较苦的，一下子要解决那么多的课题：识谱问题，弹奏方法问题，既要动脑子，又要控制手指，这一切是多么不容易啊！

但是通过认真、耐心的练习，绝大部分儿童都能顺利学习和进步。在这个过程中，教师的教材和教导方法是起主导作用的，而家长的密切配合、帮助孩子有效的学习、保证作业完成也很重要。值得注意的是，在孩子练琴过程中需要培养孩子的毅力，但也不能把孩子搞得太苦了，否则会挫伤孩子对音乐的兴趣和积极性。

首先，要想让孩子有兴趣来练琴，就要让孩子有求知的欲望。

这就要求家长引导孩子多观察自然、观察社会，从而发现问题，产生疑惑，萌发求知欲望。家长要适当满足孩子对读物的兴趣取向，不要随便否定孩子的愿望。

孩子走出校门以后，就不再想看校内学习用的课本或与教材密切相关的辅导书，很想练习些“让人轻松”、“有欣赏价值”、“能扩展视野”的钢琴曲，或者在孩子们中间流行的曲目，家长就不应该强迫孩子在课外也要多练习“对考级学习有帮助”的曲目。要尽量采取指导、建议与商量结合的态度。孩子们大都喜欢故事、幽默、笑话、寓言之类的曲目，当孩子有了自己感兴趣的曲目时，促使孩子养成天天自动练习的习惯才有了基本条件。

小孩子初学时一定不要打疲劳仗，而要讲求实效，练的时间可以短一些，但要有所收获。练琴的时间安排也很讲究，孩子通过一天紧张的学习已经筋疲力尽了，本应该是休息的时间却用来练琴，这往往适得其反。所以，孩子放学后先练一个半小时再吃饭，这样孩子的脑子还清醒些，练琴的效率会高得多。在孩子困倦不堪时还强迫孩子练琴，实际上是低效率的，而且还会养成孩子不用脑弹琴的坏习气。

其次，家长要注意提高和保持孩子练习的热情。

据心理学分析，只有不断地利用外界刺激加以强化，兴趣才能保持持久和稳定。当孩子对某种读物产生兴趣时，家长最好采取主动参与的态度，对孩子的练习活动给予关注。如随时找机会让孩子讲讲练琴精彩的内容，或讲讲他们的感想，也可以让孩子把他喜欢的曲目的精彩片段推荐给家长欣赏。

有时，家长还可以参与孩子讨论练习后的感想，也可以结合孩子学过的有关内容“借题发挥”。这样做既强化了孩子的练琴兴趣，使之坚持练琴的热情，又有利于家长了解孩子练琴的质量。

练琴的成绩是孩子坚持练琴的动力，也是强化练习兴趣最有力的刺激。当孩子练琴增长了知识，产生了感想，提高了能力，获得了进步，家长应及时给予肯定。家长还可以有选择地让孩子参加一些暑期钢琴大赛，这样，他们练琴的自觉性、坚持性就会大大加强。

最后，家长要为孩子练琴创造条件，优化环境。

外界环境条件是孩子练琴的外因，父母的素质、住房的条件、家庭的生活习惯、住地环境的氛围等诸多方面均是影响孩子练琴的因素。父母应起表率作用，多读书多了解音乐知识，不断更新和增长知识，对孩子起到潜移默化的作用。

家庭生活习惯也要注意，如果孩子练琴，家长应该压缩看电视的时间或放小音量，最好是放电视的房间与书房隔绝，避免声音对孩子练琴的干扰；另外，给孩子创造一个小天地，有明亮而柔和的光线、舒适的桌椅，有这样一个适宜放松的环境，孩子会感受到练琴也是一种享受。

学琴的过程就是磨炼意志和毅力的过程，这种训练是很有益的，它将对孩子的一生产生良好的影响。但作为家长不要操之过急，重要的是培养孩子学琴的愿望和练琴的习惯。既要天天练，又不能搞疲劳战术，对小孩可以采取少吃多餐的办法。

随着孩子年龄的增长和训练程度的加深，逐渐地延长练琴时间。国外的音乐教育强调让孩子通过学习乐器得到兴趣和快乐。我们对待学琴的态度更为严肃和严格一些，容易给孩子施加压力，使孩子学得很苦，甚至不想学下去。

培养学生的毅力要与行之有效的好的教育方法紧密配合，教学要以鼓励和表扬为主，给孩子规定明确的任务。这个任务也是要根据每个孩子的情况量力而行，作业量要恰如其分，当学生基本完成时，必须给予充分的肯定和表扬，既有严格要求又要鼓励，使孩子认识到，只要认真练和天天练，就能学好琴，从而对自己的能力增强信心，学琴的兴趣也会大起来。

此外，基本功的训练是非常重要的，要培养孩子天天练的习惯，从一开始就要给学生规定一套练习，要有步骤，有计划，量不需要很多，但要形成一种规矩。例如：初学一二年中都要进行断奏练习，为学习手指的支撑和手臂的放松。五指练习，训练手指的独立性和连奏。可用哈农或者用大小调五指位置转调的练习，音阶的训练必须长期进行。这些都不必太多，但要注意方法和天天练，过一段时间要换换花样，如变节奏等。这样持之以恒，就会卓有成效的。万事开头难，但是把头开好了，养成良好的习惯也就不那么难了。因此从小培养孩子的毅力也就是抓住了根本。

教子箴言

孩子练琴的过程正是磨炼思想、锻炼毅力、培养踏踏实实的学风和科学态度的过程，应形成良好的练习习惯，创造出使孩子愉快练琴的方法，让美妙的琴声滋润孩子美丽的心灵，分享音乐所带来的快乐。

怎样辅导孩子背谱子

有人说，小孩子记性好，弹熟一首曲子自然会背。有的孩子即使把乐谱放在眼前，也只不过是“定心丸”，其实手指也早已“溜熟”了。这种背谱往往是下意识地弹奏，而且缺乏动脑筋，一旦弹奏中断，常常不会接下去，又从头开始，因此这样背谱把握不大。

最好用中等速度练习背谱。教师们常说要用“心”，即动脑筋，学一点儿分析乐曲的方法，如分几个大段，大调和小调是怎样转换的，情绪是怎么变化的，小奏鸣曲的主题、副题在哪儿……以上这些都可以用孩子的语言来分析。如背曲子的结构，可以用形象的比喻来帮助背，比如回旋曲式，主题可以借一只小花猫来比喻，两个插部可以借小山羊或小白兔等比喻，孩子记住某个动物代表某段，主题是同样的动物反复出现，就能很好地背熟谱子，不会背“串”了段。还可以用画格子的办法来背，相同段落用相同颜色和式样的格子来代表，一眼望去就清楚地知道曲子的几段是怎样组织起来的。如果是标题性乐曲，还可以按情节编为小故事，孩子的思路随情节发展而继续下去，这样不大容易搞混大的段落结构。

主要旋律最好要唱唱，要记熟，伴奏部分往往对旋律的依附作用较强，又总是由不够独立的左手担任，所以一定要单独分手练熟，以免左手在背奏中“浑水摸鱼”。复调则一定要分声部背。

此外，背乐曲中的和弦转位可以用和弦在向上或向下“翻跟头”来比喻；和弦分解可以用和弦“分家”来形容；旋律加“花”（如和声外音）可以用语言中的加重语气来比喻，如“妈妈你好！”加“花”就变为“亲爱的妈妈你好呀!”这样孩子很容易明白。

背谱如果注意依靠视觉、听觉、触觉三种感官的结合，则更可靠一些。视觉背谱——记住五线谱上音符的位置，“印”在脑子里；听觉背谱——记住旋律及伴奏（或上、下声部）的音响效果；触觉背谱——记住弹奏时的手指感觉及键盘上的位置。可以这样说，凡是学习态度认真、读谱准确、头脑清楚、记忆力强的孩子背谱就容易。

背谱能提高弹奏乐曲的熟练程度，既便于专心地倾听并去表达音乐内容，又能提高记忆力，所以教师们常对孩子提出背谱的要求。但是，并不一定条条曲子都必须背。比如技巧性的练习曲可不一定全都背，而像巴赫这样的复调曲对于训练大脑很有好处，应多背，要演出的曲目非背不可。幼儿时期记忆能力比大人强得多，背谱一般来说不会太困难。

教子箴言

家长培养孩子练琴的过程是通过学琴育人的过程。家长要清楚地认识到最初让小孩学钢琴的目的不是培养演奏家，而是让孩子能弹奏优美的音乐，理解音乐，从而更加热爱音乐。

家长辅导孩子练琴要注意些什么

家长辅导孩子练琴一定要注意以下四方面：合理安排时间，态度既严肃认真又耐心细致，辅导方法正确，逐步培养孩子的独立学习能力。

上小学的孩子一节课也只有45分钟，幼儿时期自制能力更弱、集中注意力的时间更短，练琴时间每次要更短一些。3～4岁，每次5～10分钟；4～5岁，每次10～20分钟；5～6岁，每次20～30分钟；6～7岁，每次30～40分钟。孩子累了，注意力不集中了，应鼓励他去稍稍休息，或玩耍，这样可以调节视力，有利于消除大脑疲劳。

练琴可以采取“少吃多餐”的办法，这样，每次练都不会负担太重，而且由于一天练习几次，不断重复和巩固，加深了记忆，提高了效率。练琴要选择孩子精力充沛的时间，并尽可能固定下来，使孩子产生一定的条件反射。

凡是打瞌睡、玩累了、身体有病、人多杂乱时不要强迫孩子练琴。一个孩子每天到底练多少时间琴合适，这没有一个界限，只能根据家长和孩子的时间、家中练琴的条件、孩子的身体及智力发育情况而定。如果希望孩子向专业道路上发展，适当多练很有必要。

做父母的总是盼子成才心切，希望自己的孩子一听就懂、一学就会，可是孩子终究是孩子，智力超常的总是少数，大多数是普普通通的孩子。

因此，不要把自己的孩子看作天才，把期望值抬高，稍一反应慢就急不可耐，大打出手，这样会把小小年纪的孩子吓得更糊涂，这怎么谈得上音乐表现呢？有的孩子说：“我爸爸一陪我练琴就变成了大灰狼。”难怪“小山羊”这样害怕。因此家长只有耐心再耐心地辅导孩子。

反之，也有的家长溺爱孩子，一边练琴，一边“乖乖”、“宝贝”地说个不停，看孩子弹好一处，抱起来亲个没完，孩子借此提出各种要求：要吃的、要玩的，孩子总在撒娇的气氛中哄着练琴，不容易集中注意力和产生克服困难的毅力。

这样的家长要注意辅导时严格一些才好。教育有方的家长总是既严格又耐心，既有鼓励又有批评，让孩子在安静的环境里、严肃而又活跃的气氛中练琴。发现孩子不想练时，总是仔细分析原因，是不舒服还是饿了，是不喜欢这首曲子还是怕苦了，然后针对性地解决他的问题。

家长辅导时不是代替孩子的眼睛看谱、耳朵听声音、手指去弹琴，而是提醒和指导孩子去正确地看谱、听声音、动手指，不断在孩子耳边强调教师的要求，抓住重点让孩子反复巩固，往往家长有条理孩子也容易有条理。有的家长没有积极研究儿童心理，练琴时总是对孩子说：“好！现在再来一遍……”单调的重复很容易使孩子厌烦。

有的家长不是这样，比方孩子弹“看汽车”的小曲，需要反复练熟。家长说：“现在你坐在钢琴当‘司机’，咱们‘开汽车’到动物园去。”孩子弹完一遍，说：“××车站到了……下一站是××站。”孩子又接着弹一遍。如果弹错了，告诉他“汽车”走错路啦，再重新“开”一遍。练到一定熟练程度，再真的让他“下车”，说：“动物园到了，‘下车’去玩吧。”孩子一定很高兴。

孩子练琴当中总会出现这样那样的问题，家长要在辅导过程中仔细分析，对症下药。如果是由于精神紧张——怕挨打受骂，而引起弹奏上的种种问题，如：不放松、拘谨、总是出错……那就需要家长从思想上去寻求解决途径，必要时要向孩子道歉；如果是由于弹奏方法不对造成的困难，则要和教师一起研究如何让孩子改正的具体措施。

如果是因为欠缺熟练而带来的问题，那就需要放慢速度多多练习，困难之处重点练，两手不独立则分手练，声部不清分声部练，难度大一些的段落反复多巩固。教师留的作业多，若时间不够完不成不要紧，主要是“质”，其次是“量”。

此外，练琴之前不要让孩子玩得太累，也需要收收心。如果孩子正兴高采烈地玩积木，与其催他：“快一点！不要再盖了！”还不如家长亲手和他一起快些把积木房子盖好。这样孩子了却了心愿，也能安心坐下来弹琴了。

每次辅导孩子练琴之后，根据孩子的表现，最好及时肯定他的长处，指出需要改进的地方，也可以用插红旗、贴红星等形式来鼓励孩子的进步。

随着孩子年龄的增长，学琴的程度也不断地加深，家长应当逐步有计划地减少辅导的次数和时间，让孩子养成自己动脑子练琴的好习惯，培养他独立克服困难的毅力，不可长期让他依靠“拐杖”走路，否则容易造成离开大人就一事无成的不良后果。

教子箴言

和孩子一起学琴。尤其是初学钢琴的幼儿，要让他们觉得弹琴是快乐的，而不是孤独的和枯燥的，因为家长对音乐的喜好和认真程度将会大大影响孩子，这样一种和谐愉悦的气氛，足以点燃每个孩子对音乐的兴趣，真正让学习成为一种乐趣。

孩子学琴要参加考级吗

乐器演奏业余考级施行十几年来，专家、教师、家长对此看法不一，究竟如何看待考级呢?

乐器演奏业余考级制度的实行为乐器学习的课程内容进行了规范化，对技术及艺术表现难度制定了统一的标准，经过考核对学生的学习程度、艺术技能和表现能力进行了认证，这无疑对乐器演奏教学的科学化、专业化是很大的促进，使教学质量、学生的演奏水平都得到很大的提高。

教师通过学生考级展示教学成果，家长通过考级了解孩子的学习程度，一些学校也以考级的级别来作为收录特长生的标准，这虽然是目前唯一比较公正的标准，却无疑给孩子施加了很大的学习压力。

我们应该清醒地看到考级制度也有它的不足之处。

音协和各音乐院校所制定的考级标准各不相同，所以相同的级别并不一定代表相同的水准。

乐器演奏和学习其他功课有很大的不同之处，有些技术难点是需要很长时间甚至于多次反复才能克服的，一项技术对于不同的人的掌握速度也有很大的差别，半年或一年一度的考核制度会使学生和教师为追求进度而忽略这些问题，因此不能做到因材施教。

音乐是艺术，同一作品不同的人可以演奏得天壤之别，教师对乐曲的理解、要求评审观点也各不相同，考核对学生的识谱能力、音乐素质、音乐理论、合作（合奏、伴奏）能力等也缺乏详尽的规定，考核结论的准确性水分很大。

很多乐器都没能像钢琴、小提琴那样已经形成非常完善的教学体系，所以有些考级曲目并不是必学的经典作品，本不必学的曲目为考级去花很多时间练习它而影响正常功课进行就很不值得，劳民伤财。

由此可见考级不一定是学琴的必经之路，不要把它看得太重，不要由于考级的压力而影响正常学习。能有条件进行专业化学习的孩子尤其不必年年考、级级考，学到真本事比拿到级别证书重要得多。

教子箴言

在钢琴学习中学到的，不只是钢琴，还能全面提高音乐的感受力、理解力和思维力。从中感受到人生、世界的美，对一个人的文化素养、道德风尚、情操，性格的形成也起着潜移默化的影响。

钢琴的选购与保养

很多家长为孩子购买钢琴时，往往不知道如何选购，总感觉这里面有多的技术信息，自己不能把握。那么，怎样挑选钢琴？什么样的钢琴才算得上是好钢琴呢？平时又如何保养呢？下面就从钢琴的选购和保养两方面来说说。

一、钢琴的选购

挑选钢琴的时候有很多需要注意的细节，所以要选到一台好的钢琴确实还是需要准备一些基本技巧，现在就教大家“看，听，弹”这三个最基础的方法。

（一）看，选购钢琴时要仔细地察看它的外板质地、漆饰、装组工艺等。具体说来是：

1. 外壳的上门、下门、项盖、侧板、键盘盖等都是用木料制作，高档琴用原木，普及琴用合成木料，最怕的是用废板材，这种琴往往被贴面板包裹得很漂亮。

2. 油漆并不是越亮越好。打个比方说，廉价的镜子照起来很亮，而质地好的镜子不仅照得清楚而且还有层次感。钢苯油漆感觉上应该有一定的厚度、耐看，反照出来的影子有立体感。很亮很“完美”的漆饰，有时候是廉价家具的漆饰。

3. 装组的精细程度能反映琴的工艺水平。工艺佳的钢琴外壳装配紧凑，线条流畅，活动间隙均匀（在1mm左右）。

4. 打开键盘盖，工艺好的琴键盘平整，键隙匀称；键子有弹性，摸上去紧密不松动。

5. 打开琴盖，小槌呈直线排列，中间略隆起，小槌的间隙很均匀，弦轴钉上的弦圈应该是三圈半为标准；左弦列的缠弦铜丝要一样高。

6. 仔细察看后面的音板。优质音板的外在特征是纹路细密、板色统一、板面平整、装配紧密。

另外，在型号的挑选上也要从以下几个方面来衡量：

现代钢琴分立式钢琴和卧式钢琴（三角钢琴）两大类。立式钢琴的型号指高度，1.15米以下为小型琴，1.15～1.2米为中型琴，1.2～1.35米大型琴（还有一种更小的钢琴叫儿童钢琴，比普通的钢琴琴键要少，比较少见）。卧式钢琴（三角钢琴）型号是指长度，规格有四尺、五尺、七尺、九尺、十五尺等。不同型号的钢琴，它的弦列安排、音板面积、击弦机械都不大相同。所以它们在音量、音色、音的稳定性上都是高（长）琴比矮（短）琴要好一点。

在选购钢琴的时候，往往碰到面对很多型号和式样挑花了眼，不知选哪样的好。到底应该选购哪样的钢琴好，最好根据自己的需要情况、经济情况、置放钢琴的环境及自己的爱好和钢琴的质量等全面衡量一下。

针对选钢琴时不知到底要买哪个型号可以归纳以下几种情况：

1. 钢琴的音量大小应该是按照钢琴的规格不同而有差异的。通常，比较大的钢琴因为它的琴弦相对较长、音板相对较大，所以正常的情况下，大琴应该比小琴的音量大些。

2. 钢琴体积是由它的不同用途和不同要求而设计出来的。有了钢琴体积才有具体的钢琴规格。需要哪种规格的钢琴，除去使用要求外，还应该按照放置环境定。一般家庭用钢琴大都选用中型、小型立式钢琴或小型三角钢琴。因为中小立式钢琴不但在居室里摆放体积适当，而且具有特意为家庭练琴使用的中间踏板弱音功能。

3. 钢琴的多种式样和油漆颜色，是为满足不同的室内环境和不同的审美爱好设计的。对于钢琴外观造型的选择，最好结合自己的审美情趣并考虑到买回去以后的置放环境。钢琴不仅是一种满足音乐需要的高雅乐器，也是一种陈设摆放的艺术品。考虑钢琴外观油漆颜色的时候，最好想到与家中的家具是否协调。

（二）听，购琴时如何听辨音质是最关键的一环。

通过钢琴发出的音使人产生出明、亮、暗、厚的感觉，就是人们对钢琴音色的字义上的理解和解释的依据了。对于音色，因人而异，不同的钢琴音色，会获得不同人的赏识。

钢琴的音色往往与钢琴的响度有密切的关联。音色和响度也都与钢琴机芯的工作、琴弦与共振部分的工作优劣有关联，这些钢琴的主要构件如果工作性能不好，自然是音色发闷、发暗、缺乏音的表现力，同样发出的音迟缓、黏滞、响度不够。具有这种音色特点的钢琴，被普遍地认为是音色不好、不受欢迎的钢琴。

选购钢琴时除了对音色的个人爱好要考虑外，同时对家里放置钢琴的环境、给他人的影响也应该参照考虑，做个全面衡量为好。

因为，钢琴的音色和响度与放置的环境有着关联，所以选择钢琴的时候也应该把环境因素考虑进去。钢琴的响度能够随着放置它的房间大小、吸音材料的多少而发生变化。把钢琴放在大而空的房间里，可以增大它的响度并且使音色一起变亮；把钢琴放在面积小而吸音材料多的房间里，可以减弱音量，并且音色也随之在一定程度上比原来的柔、暗起来。

当自己想在居室大的房间且家具又不多的屋里放钢琴，而又不喜欢音量过大，可以选择音色柔美些的钢琴；当自己想在居室小而且里面放的家具比较多的环境放钢琴，但又想得到音色比较明亮的琴，则要考虑挑选明亮和响度大的钢琴。以下几种方法供大家参考：

1. 听其发音长不长。弹响琴键后，不要放开键子，余音越长越好。

2. 听其发音是否统一。低音特别响高音又很短促的琴，最好不要买；另外，某个音特别尖锐、刺耳，低音有“麻音”等现象，都是发音不统一的表现。

3. 听其共鸣是否饱满。共鸣好的钢琴发音圆润，不炸不木，没有杂音；共鸣差者却发音干硬、音头重、传不远。只有在选琴时仔细辨听、对比，才能买到满意的钢琴。

（三）弹，也是购琴的主要方法之一。

1. 轻轻地弹，感受一下键子反应是否灵敏。手感好的琴弹起来轻松灵活，有深度感；黑白键弹力相近，键子有“反弹手指”的感觉。

2. 用力弹，如果有键子声音发炸，则说明在某处有问题，在中低音和中高音的交界处尤其要多重弹几下，检查其衔接程度如何。

3. 如果具备了一定的钢琴弹奏能力，最好在所选的琴上反复地弹一些琶音或宽广的经过句、颤音、震音等，检验其手感和音色。

4. 检验踏板。弹和弦，然后踩下右踏板，听其声音是否洪亮，放开踏板后声音要完全消失，没有任何杂音。尤其重要的是，边弹边踩踏板时，键子照样能反应灵敏。

通过试奏你可以了解到这架钢琴的触键是否灵敏，并且也能倾听到钢琴全音域的音色是否统一，一架理想的钢琴声音应该是柔中带刚。全音域的音量均匀，并能清晰地表现乐曲中最弱音 ppp 到最强音 fff。注意检查这架钢琴的琴键。琴键的表面要给人以平整、光洁、间隙均匀的感觉，并且琴键的下沉深度也要均匀。

另外还要注意检验踏板的功能。踏板在运动中应该平稳，无杂音，能灵敏地表现延音和弱音。

（四）其他方面的考虑

1. 首先要确定钢琴的主要用途。你所选购的钢琴，它是用于开音乐会、学校教学、还是用于家庭弹奏，或者用于初学者练琴。用于开音乐会，演奏者则需要有一架优质的大钢琴，以充分体现自己的音乐才能，产生最佳的音响效果，那么最好是买一架三角钢琴，至少也得买一架琴身高一些的（约 130cm 高）专业立式钢琴。而一架小型的立式钢琴则适合初学者练习使用。普及型立式钢琴和立式钢琴通常适合于学校使用。

2. 买钢琴前，要考虑钢琴放置的地方。如果是放在客厅里弹奏，钢琴的音质应该是洪亮的。钢琴的外壳颜色可根据客厅其他家具来定，当然色彩要协调，这样会给人以更高雅之感。倘若你的钢琴只是放置在小房间使用，那么音质还是选择柔和些为妥，以免弹奏时，响亮的琴声引起邻居们的不快。

3. 选购钢琴时要特别注重钢琴的音质和机械装置。只要有机会就对钢琴做仔细的比较，以寻求良好的音质和优异的演奏性能及长久耐用的优质钢琴。钢琴的音质不应该刺耳混浊，也不能太轻太软。

如果可能，试将上架新的优质钢琴的音质与其他类型的钢琴进行一番比较。音色应该清晰、均匀、低音与中高音交界处在音色上不能有突然的差别。音色应富有音乐声响，动听悦耳。钢琴应该在 A1 = 440Hz 时能呈现出最佳音调。钢琴的音律应该谐和、标准，这样人们在判断音质时就不会将一架走了调的钢琴所发出的那种枯涩的颤动声与标准的音质相混淆。

4. 由于钢琴的型号多种多样，因此它们之间的性能也略有差异。

二、钢琴的保养

钢琴是一种贵重而精密的乐器，精心保养会大大延长它的使用寿命。一架优质的钢琴，如果长期由可靠的专业技术人员调修保养，使用几十年甚至上百年也是可能的。

（一）定期调修：现代钢琴无论型号大小，都有八十八个琴键，二百二十多根琴弦，机械结构也十分复杂，共由八千多个零部件组成，无论是音准还是机械性能，都有极严格的调节标准，非专业人员是根本无法完成这些工作的。

很多人以为钢琴不弹就不走音，其实是一种误解。普通的弹奏对音准的影响并不很大。引起钢琴走音的原因很多，最主要的原因是一年四季的温、湿度变化和琴弦自身张力的逐渐下降造成的。除此之外，温、湿度的不断变化，也常常引起机件松动、琴键不灵、触感不良等各种故障。

要保持钢琴的理想状态，要求较高的专业演奏人员，最好每季度调修一次；要求不很高的用户或弹奏不多的钢琴，应每隔半年调修一次；闲置不用的钢琴，为保证其不至损坏，最好每一年调修保养一次。长期失调失修的钢琴，全部音高将很难调到标准，琴体内部也很容易造成锈色变形甚至开裂，带来难以弥补的损失。

（二）妥善放置，保持适当温、湿度：钢琴的放置一定要平稳。如因地面不平而晃动，会引起琴体开胶变形。应尽量设法垫平；琴体与墙壁之间要留有10厘米的空隙，便于琴体周围空气的流通。

还应注意避免阳光直射，远离取暖设备，防止因受热不均而引起琴体局部油漆变色、断裂导致框架变形。钢琴对温、湿度比较敏感，最适宜的温度在18～22摄氏度之间，相对湿度应在40%～65%之间。室温过热或过分干燥，会使木质零件松动、走形而影响弹奏。

因此，在我国北方地区，冬季取暖时，应在放置钢琴的室内设法调湿、加湿，如适当开窗通风降温，配备加湿器或在暖气上放盛水容器，养鱼、养花等均可；需要提请注意的是，决不可在琴箱上放水瓶。

因为水直接蒸发在琴内，会导致琴弦和金属零件生锈，造成断弦和其他各种故障。当停止供暖后，应立即停止加湿；在雨季则应设法防潮，如在琴箱内放干燥剂，开空调除湿，晴天时打开钢琴上、下门，用电风扇吹风，减少琴内潮气等。

（三）防止鼠咬虫蛀：为钢琴灭鼠极为重要，被老鼠咬坏零部件而难以修复的钢琴不在少数。钢琴内很多部位使用了大量的纯毛呢毡，这些价格昂贵的专用呢毡一旦被虫蛀，更换特别繁杂，损失也是极大的。因此内部必须放置樟脑片防虫，在每隔半年调音之前，请事先准备好樟脑片。

（四）其他注意事项：对键盘应爱护，演奏前应洗手；应聘请专业的钢琴调律师进行调修。

教子箴言

钢琴音域之广、音色之美，为其他乐器所不及，与爱音乐一样，爱护、保养它是你生活中不可或缺的一部分，你如果拥有了一架音律准确，声音完美的钢琴，那么你平时听着就会很舒服，对音乐的感触也会更上一个台阶。